未读 | 思想家

UNREAD

日本NHK公开课

The Last Lecture

最后的讲义

为何生命如此可贵

福冈伸一

[日] 福冈伸一——著　曹倩——译

**如果今天是你人生中的最后一天,
你会传达些什么?**

海峡出版发行集团 THE STRAITS PUBLISHING & DISTRIBUTING GROUP | 海峡书局

“在人生的最后一天，你会讲述什么？”

本书为日本国家电视台NHK的人气节目《最后的讲义》的完整记录。

集结了站在各个行业最前沿的专业人士，让他们带着一个问题——“在人生的最后一天，你会讲述什么？”给学生上一堂课。

让我们一同体会各界顶尖人物本着“最后一天”的觉悟，所带来的“最后一课”。

目录

第四章　答疑解惑

序

各位读者好！我叫福冈伸一，从事生物学研究。今天我将以“最后的讲义”为题展开我的演讲。

本书的内容建立在假设明天我会出于某种原因消失的前提下，在消失之前我要将自己最想告诉大家的事情讲出来。

《最后一课》[①]这个故事我相信大家在课本或其他读物上看到过。这个故事以第二次世界大战爆发前夕，法国被德国占领这一事件为大背景展开。在位于法国与德国边境的阿尔萨斯和洛林地区，一所乡村小学的课堂上正在上告别自己母语的最后一堂课，讲台上的老师对下面的法国学生说：“等到明天德国军队占领了我们这里以后，我们就只能说德语了。今天，我来为大家上最后一堂法语课。”在授课结束时，老师在黑板上写下了“Vive la France”这几个字，意思是“法兰西万岁”。

今天，我将为大家讲一讲生命和生物。先说结

① 此处似是指法国都德的《最后一课》，但我们保留了福冈伸一的原演讲内容。——编者

论，那就是“生物万岁”“生命万岁”。今天我想讲的是生命到底哪里宝贵，生命究竟有什么价值，我们该如何看待生命这些话题。

第一章

生命不是机械

昆虫狂热爱好者与显微镜

在还没成为生物学家的很久以前，我曾是一名非常热爱昆虫的少年。那时的我会去草丛或公园里的植物叶片上采集蝴蝶的卵和幼虫，然后在家里悉心照顾它们长大。破卵而出的小小幼虫会大口大口地吃掉我喂给它们的叶子，然后不断长大，最终变成蛹。虽然目前现代科学家仍没有完全弄明白蛹中到底发生了什么，但科学家将构成幼虫身体的细胞溶解后，发现了能够构成成虫身体的细胞。研究表明，正是这些细胞最终让成虫变成了蝴蝶。差不多两个星期的样子，蛹的背部会裂开一个口子，蝴蝶便会从里面慢慢舒展开翅膀。当时还是小小少年的我觉得这幅景象简直美极了，因此总是看不够一般盯着羽化的蝴蝶。

不仅仅是蝴蝶，我还以这种极度的兴趣与热情观察了许多昆虫，最大的感受便是大自然的构成可谓精妙绝伦。我被昆虫的颜色和形态之绝妙深深地吸引，随之便产生了“生命是什么”这样的疑惑。“何为生命”这个问题既是一个少年质朴的疑惑，也是生物学上最大的未解之谜。同时，这是一个哲学问题，一个艺术问题，自人类创造了文明以来，一直在被研究。我认为所有的学问、所有人类活动的终点都是在探讨“何为生命”这个问题。

但少年时期的我并没有那么深刻的思考，我只不过是憧憬蝴蝶美丽的外表，而努力养育幼虫和蛹罢了。或许正是出于这一原因，那时的我没有什么人类的朋友，变成了一个“只与虫子交朋友”的孤独少年。或许我的父母也很担心这样的我，于是在我上了小学后，他们给我买了一个超级棒的礼物——显微镜。

生长在东京的福冈伸一的少年时期（右）。那时的他经常在城市中尚存的自然环境中拿着捕虫网捕捉昆虫。在当时，福冈最喜欢的是蝴蝶。

虽然这台显微镜并不高级，只是教学用的便宜货，但我仍然高兴坏了，一拿到手就立刻将蝴蝶翅膀摆在载物台上开始观察。经过观察，我发现原来蝴蝶翅膀上的颜色并非涂上去的，而是仿佛马赛克或樱花叶片那般，铺满了带有颜色的鳞片，每一片鳞片都散发着光彩，最终形成了美丽的色彩。在那时的我眼中，显微镜中看到的仿佛一个微型小宇宙，我完全沉迷于这个小宇宙，最终也导致我越来越交不到人类的朋友。

当时，还没有出现像“宅男”这样的词，但那时的我的确是一个彻头彻尾的“昆虫宅男”。“宅男”这类人的特性是一旦对某样事物产生兴趣，便会顺藤摸瓜，深入挖掘源头。作为昆虫宅男的我，那时一接触到显微镜，立刻就想要探寻源头，我十分想要弄清楚“这么精妙的设备究竟是什么时代、在哪里、由谁、怎么创造出来的”这些问题。

现如今如果想要弄清楚这些问题，只需在谷歌上检索一下立刻就能了解到，但当时既没有网络也没有像谷歌这样的搜索引擎，唯一能让我找到答案的只有书籍。在我探寻显微镜的起源之前，每当遇到不明白的昆虫问题，我就会前往附近的公立图书馆找寻答案。那时的我总是努力在图书馆的书中找寻答案，探求知识的边界。

后来我了解到图书馆除了开架借阅，还有一个收藏了许多书籍的场所。要想进入这个藏书室，就要穿过借阅台旁边的小过道，然后跟图书管理员打个招呼。对于当时还是小孩子的我来说，这个过程宛如走迷宫般紧张刺激。图书馆中的藏书采用了“日本十进分类法”①进行图书管理。在这个过程中我甚至记住了图书编号从100到990，以及每一个号码代表的是哪一类别的图书。自然科学的编号是400，而昆虫类图书则是从编号486开始的。这些数字被印刷在一张小贴纸上，贴在每一本书的封皮背面。而我便在编号

---

① 日本十进分类法，是日本图书馆广泛使用的书籍分类法。由图书管理员森清设计编制而成。以三位数进行表示，分类方式以百位的0为总论，1为哲学、宗教，2为历史、地理，3为社会科学，4为自然科学，5为技术，6为产业，7为艺术，8为语言，9为文学。

列文虎克制造的单式显微镜的复刻品。列文虎克的显微镜能将物体放大近300倍，并由此发现了微生物和细胞等。

拍摄：斋藤海月（于《妇人之友》2019年8月号刊载）

400的书籍面前开始“安营扎寨”般地探寻显微镜的历史。

现在，我也经常对我执教的青山学院大学的学生讲这句话：“如果想要学习科学，最捷径的方式就是学习科学史。如果想要了解音乐，就去学习音乐史。”也就是说，如果能够以自己制定的时间轴深入挖掘，那么就能清晰地了解这门学问的由来和发展过程。而这一做法我从儿时起就开始无意识地践行并坚持至今。儿时的我完全没有通过网络即时获得答案的经历，而是在宛如“秘密基地”的图书馆书架前的狭小空间里，在不断摸索中学习科学的历史。

世界上首台显微镜是在距今350年前由荷兰人列文虎克①发明的。列文虎克生长于代尔夫特，这个小城位于荷兰首都阿姆斯特丹西南方，按照现在的交通工具来计算，乘坐电车1小时左右便能到达。其时是

① 安东尼·列文虎克（1632—1723），生于荷兰代尔夫特一户商人家庭，后成为代尔夫特一名公职人员。工作之余，列文虎克出于爱好自制了好几台显微镜，后经多次改良，开始观察微观世界。在生物学史上被誉为“显微镜之父”和“微生物的发现者”。

17世纪，日本的江户时代刚揭开序幕不久。这一时期的代尔夫特仿佛一座城堡般的城市，四周都被沟渠包围，从城市一头走到另一头差不多10分钟的样子，可以说是座非常狭小的城市。而17世纪的荷兰正凭借产业与贸易的发展，处于走向繁荣的经济交叉点，同时是艺术与文化的交叉点。这就导致不仅阿姆斯特丹与莱顿发展得欣欣向荣，代尔夫特这座小城也有许许多多的欧洲人到访，各种知识与技术聚集在这里。

而在代尔夫特发明出显微镜的列文虎克，在形似卡扣一样的板状主体上，嵌入了自己精心打磨出的镜片，并通过这个显微镜雏形观察了许多东西。然而，列文虎克既没有接受过高等教育，也不是大学老师，更不是什么专业的科学家，他只不过是代尔夫特的一位普普通通的市民。尽管如此，他依然凭借自己的热爱，专注于显微镜的制作，经过反复的改良，成功发明了人类史上第一台能够精密观察微观世界的仪器。

列文虎克制作出的显微镜形状非常不可思议，与现在我们认知中的显微镜可以说毫无相似之处。

列文虎克的显微镜高约10厘米，金属板上有一个形似大螺丝钉的部件，这个部件上还开了一个圆圆的小孔。小孔中嵌入镜片，透过镜片就能观察到物体了。在实际观察时，只需在尖状的顶头用胶状物体粘住想要观察的物体，调节螺丝，将物体平移到镜片观察处即可。

乍一看这个装置似乎非常原始，但其实列文虎克对镜片的打磨非常精妙，在当时就已经实现了接近300倍的倍率。300倍的倍率其实已经与我们现在实验室使用的显微镜倍率差不多了，能够观察到人类肉眼观察不到的微型物体。利用自己发明的显微镜，列文虎克观察到我们人类的身体其实是由细胞组成的。并且他在观察血液的流动时，还发现了血管中流动的白细胞和红细胞。此外，他还曾到外面采集了少量的积水放到显微镜下观察，继而发现在人类肉眼看上去几乎是透明的水中，其实存在各式各样的微生物——它们有的在发光、有的在舞蹈、有的在游动。也就是说，列文虎克不仅是细胞的发现者，也是红细胞和白细胞的发现者，同时还是微生物存在的微观世界的发现者。

请允许我再强调一遍，列文虎克其实并非学者，他只是一个生活在荷兰小城代尔夫特的商人。而这正是他令人敬佩之处，作为一个爱好者能够在生物学上做出如此了不起的成就，我由衷地感动和敬佩。

列文虎克还有一项伟大的功绩是发现了动物的精子。通过这一发现，人们才弄清楚了生命的“种子”原来是精子。然而，由于卵子是雌性体内深处的一个细胞，所以列文虎克当时并未发现它，但他发现了精子并阐明了精子是生命的“种子”，这是十分伟大的。在追溯显微镜的历史时，我总是不禁感慨列文虎克作为一个爱好者，他能够通过自己的努力为知识和学问打开了一扇新的大门，这是多么了不起！

在探寻显微镜的发明者而追溯到17世纪的代尔夫特时，我还获得了一个小发现。在距离列文虎克家仅两百米的地方有一个旅馆兼画商的家庭，在列文虎克出生的1632年那一年，甚至有可能还是同一个月，这里诞生了另一位名人。这个人现在比列文虎克有名得多，而他其实与列文虎克是同时代生活在代尔夫特这座小城的。这位大家我想各位可能都知道，他就是闻名于世的画作《戴珍珠耳环的少女》的创作者——约翰内斯·维米尔。①

列文虎克与维米尔是同年出生的邻居，甚至可以推断他俩从小就在一起玩耍，关系甚好。但两人是否真的是关系要好的儿时玩伴如今已无从查证。虽然有记录显示列文虎克后来成了维米尔去世后的遗产管理人，说明两人之间肯定有什么关联，但究竟关系好到何种程度便不得而知。不过，我推测列文虎克和维米尔应该是交情颇深的好哥们儿，他们曾互相交换许多信息。

但那时的我更热衷于昆虫，所以对维米尔没太大的兴趣。从小学四年级升至五年级的我梦想着成为像

① 约翰内斯·维米尔（1632—1675），生于荷兰代尔夫特。在其43年的生命中，仅保留有37幅画作（现存数量）。以《戴珍珠耳环的少女》为首，其画作善于运用由青金石这种稀少的原材料制成的颜料绘制，画作中鲜艳明丽的蓝色令人印象深刻。

列文虎克那样探索生命奥妙的人，于是渐渐走上了生物学的道路。

这张幻灯片是使用现在的显微镜，以和列文虎克的显微镜同样为300倍的倍率观察到的细胞的样子。

乍一看，细胞的样子好似玛莉美歌的设计，但其实是一个一个的细胞。在用显微镜观察细胞时，就会将细胞削薄成这样。这张是将胰脏细胞做成薄切片后观察到的样子，但根据削的位置不同，看到的样子也不一样。以地球来举例解释，就好比如果我们从赤道面剖开地球，看到的就是又大又圆的切面，但如果从接近南极或北极的面切开，看到的则是一个小圆。虽然看起来细胞的大小不一，但其实它们大小差不多。

列文虎克于17世纪发现了人体由细胞构成，在随后的18世纪、19世纪、20世纪以及现如今的21世纪，生物学都在不断地向微观世界靠近和探索。

人类发现了细胞之后，便开始研究细胞中的各种细胞器。例如线粒体、高尔基体、内质网等，人类开始不断地向下细分并进行深入研究。

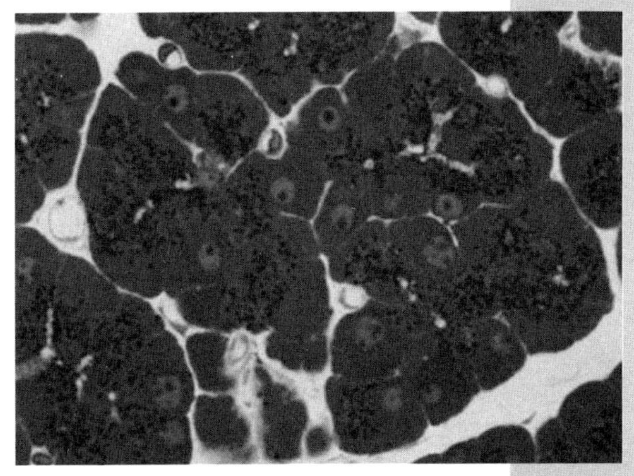

被认为与消化道免疫相关的M细胞。每一个细胞中都有一个细胞核，而细胞核内部含有DNA。

当弄清楚了细胞的细节后，人类便试图找到更为具体的构成要素，进入更为细致的研究领域并不断推进。如此一来，生物学将生命分成了许许多多的微观世界。随着研究的发展，分析型思考也成了生物学研究的主流思考方式。

那么，现在我们在研究什么呢？图片中细胞内部白色、看起来略透明的部分就是我们的研究对象。这一部分被称为细胞核[①]，虽然这台300倍的显微镜看不到更细节的部分，但细胞核中含有细丝状的脱氧核糖核酸（DNA），也就是被称为“生命的设计图”的遗传基因。DNA中存在连续的特殊化学记号，也被叫作“遗传密码”。目前已知，这些密码就是细胞中所使用的微观蛋白质部分的设计图，DNA从头到尾记载的暗号也全被破译，而这一工作依托于2003年完成的“人类基因组计划”。这个计划对DNA携带的全部信息，

---

① 细胞核，人体内约有37兆个细胞，每个细胞中都有一个细胞核。细胞核中含有染色体，如果将染色体拉伸，便能看到缠绕在蛋白质上的细丝，这个细丝状物体便是DNA。DNA中书写着形成一个人的“生命的设计图”般的信息。而这一个一个的信息便是基因。

以及约2.3万种蛋白质的全部构造都进行了研究。也就是说，生物学经过迅猛发展，目前已经可以将生命进行具体的解体再解体，分成一个又一个小类别，并为这些类别逐一命名，阐明它们的机能。

但如果是用这种分析性的观察方式来研究生命或生物的话，细胞或者说我们的身体就会变成由微观部分组成的“精密机械”。也就是说，我们现在完全沉浸在“机械论生命观”中。

诸如癌症的发病机理、糖尿病的发病机理等，人们常使用“发病机理”这个词，而这个词里的“机”字原本就是机械的意思。因此，使用“机理”这个词就意味着将人体视作“精密机械”。也正因为将人体视作机械，人们才会认为“是不是只要操作得当，效率就会提高”，于是开始向再生医疗的方向迈进，展开了如基因治疗、转基因农作物甚至尝试逆转基因序列以期达到“返老还童”目的的诸多尝试。科技在进步是不争的事实，但正因为如今以机械论的观点看待生命，也使得人们开始认为上述这些尝试或许能实现。将生命看作由一个一个要素组成的思考方式被称为“还原主义”或“机械论生物学”，也是现代科学的主流思想。

但我想告诉各位的并非这个思考方式，而是如果我们过度地用机械论的方式看待生命，恐怕就会漏掉生命所具有的重要特性或者生命之所以成为生命的本质部分。我想对机械论生命观敲响警钟，所以今天才站在这里。

我自己在探索生命本质的过程中也走了不少弯路。最初刚开始研究时，我完全沉浸在机械论生命观中，认为将生命分解才是真正的生命研究，并对此深信不疑。但是，在攀爬研究这座大山的过程中，当到达一定高度时，就会看到“不一样的风景”。这里所说的“不一样的风景”其实是与机械论生命观不同的生命观。今天我也想将这种生命观告诉大家。

老鼠里有什么？燃烧自我的学者

我从20世纪80年代开始研究分子生物学，那时正是机械论生命观逐渐兴起的时候。而我也随波逐流地立刻沉浸在“就应该以微观的视角看待生命”的观点中。

当我还处在昆虫少年时期时，我的梦想[①]是找到从未被发现的新昆虫，然后将昆虫以自己的名字命名

① 还是小学生时，小小少年福冈曾坚信自己捉到了从未被收录在昆虫图鉴中的昆虫，并带到了国立科学博物馆鉴定。那时，耐心接待这个少年的人便是著名的昆虫学家黑泽良彦。最终，经鉴定这只昆虫其实是金龟子的幼虫，虽然那时候的福冈很是失望，但他看到了科学博物馆的后院，了解到有一种工作是对昆虫进行分类，并暗自发誓今后要成为一名昆虫学家。

为“福冈甲虫”收录在昆虫图鉴中，但这个梦想最终没能实现。我也曾以为自己捕捉到了未知的昆虫，并带到上野国立科学博物馆让工作人员帮我确认，但我捉到的虫子并不是什么新奇的物种，它早就被其他人命名了。

随后，当我走入生物学研究的世界，摸索进入细胞的“森林”中，竟发现隐藏于其中的许许多多基因和蛋白质都还未被命名。于是，我放下了捕虫网和昆虫笼，转而开始拿起微观世界的分析装置，走入了细胞这片广袤的森林中。我的研究早在人类基因组计划完成之前就开始了，所以那时还有许多尚未研究的基因。虽然并不是什么大发现，但作为生物学家，我也有几个小发现①。

例如，我发现了“GP2”基因。这个名字取自“glycoprotein II”（蛋白糖II型或者叫糖蛋白II型）这个词的缩写。GP2基因是存在于消化管或者胰脏等细

---

① 福冈伸一对于在1990年发现的GP2蛋白质作用的解析论文，于2009年发表在英国的科学杂志《自然》上。

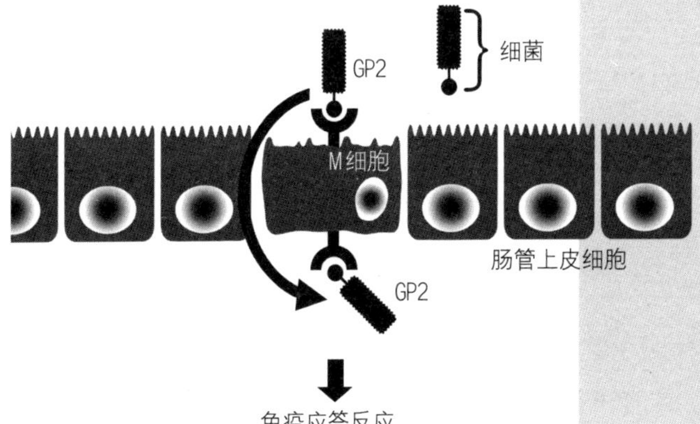

后经试验证明，GP2具有将大肠杆菌和沙门氏菌等细菌导入人体内并进行锁定，“提醒”免疫系统注意的作用。

福冈伸一希望能够利用“GP2基因敲除鼠”弄清楚GP2基因的作用，因此在青山学院大学依然坚持相关研究。

胞表面，触须状凸起的蛋白质“零部件”。为了搞清楚GP2究竟是如何“工作”的，我将研究重点放在了GP2的“设计图”——GP2基因上，并决定采用机械论的研究方法进行研究。

这是我在研究室饲育的小鼠。这些小鼠相当聪明，一旦你摆好相机打算给它们拍照，它们就会乖乖地看向镜头。不过最值得一提的是，这些小鼠可一点也不普通，它们还有一个名字叫作“GP2基因敲除鼠”。它们便是我的试验对象。

接下来，我简单地为大家解释一下什么叫作“GP2基因敲除鼠”。首先，我会从细胞核中抽取出细丝状的DNA。然后，我会对DNA中含有GP2基因部分的设计图进行锁定。锁定后，用类似微创外科手术的方式一点点地将GP2基因的前后取出。取出来的GP2基因就丢掉了，而刚才切断的细丝状DNA还要重新接起来，让它恢复成细胞。然后在这个去除了GP2基因的细胞上培养受精卵，最后将受精卵移植到小鼠身上，从而得到了“GP2基因敲除鼠”。

小鼠的身体先由1个受精卵开始培育，随后一边分裂一边不断增加到2个、4个、8个、32个，但由于分裂出来的所有细胞都是直接“复制”被敲除GP2基因的那个细胞，所以基因信息尚不得而知。但能够确定的是，这种小鼠体内无法再出现GP2基因这一“零部件”了。这样的小鼠便是我们所说的“GP2基因敲除鼠”。与普通的小鼠不同，它们身上少了一个“零部件”。

大家想想看，如果我们从手机或计算机这类电子产品中取出一个零部件，这台机器会怎样？毋庸置疑，机器会坏掉。通过调查产品损坏的方式，就能推测出取出的是哪个零部件。例如，如果是不出声音了，那么就大致可以推断是与声音有关的零部件；如果是彩色的屏幕变成了黑白色，那么就可以推断应该是与色彩呈现相关的零部件出了问题。同理，从机械论的视角来看，被敲除了GP2基因的小鼠按理说应该会出现某些异常之处，而通过调查这些异常之处，便能够探究出GP2基因到底在生物体内发挥着怎样的作用。如果这只小鼠患了癌症，那便是因为其体内被敲除了GP2基因，由此我们便可得知GP2基因在体内能够起到抗癌的作用。又或者这只小鼠得了糖尿病，而致病原因是其体内被敲除了GP2基因，由此我们便能够知道GP2基因平时是用来控制血糖、防止糖尿病的零部件。总的来说，当我们培育出了“GP2基因敲除鼠”后，能够找到小鼠什么地方出现异常就能够搞清楚GP2基因是如何“工作”的。

我们克服了许多困难，成功培育出了“GP2基因敲除鼠”。虽然我说过“一点点将GP2基因取出，然后将切断的基因重新连接”的话，听起来这个操作似乎并不难，但我们是使用从大肠杆菌中提取出的酵素来切割DNA的，这可是一项相当耗时耗力的工作。虽然现如今随着科技的进步这一操作实现了效率的提高，但在差不多20年前，我们培育出第一只“GP2基因敲除鼠”可是耗费了3年的时间。那时我们工作起来不分昼夜，全身心地投入，可谓通过燃烧自我的方式在不断探索，并且花费了巨额的研究经费。别看就这一只小小的老鼠，投入的研究经费够买下三台最新款的保时捷汽车了。而这些研究经费则是我们东奔西走才筹措来的。对于这只耗费大量精力、时间、金钱的小鼠体内究竟会出现何种异常，我们都屏息认真观察着。

小鼠茁壮成长，在培育箱里跑来跑去，十分活泼。之后过了很久，我们依然没发现小鼠有何异常。对此，我们感到十分奇怪。这可是一只被完全敲除了GP2基因的小鼠啊！当然，我们也确认过是否真的将GP2基因敲除干净。可尽管确认操作无误后，依然没有发现小鼠任何异常的地方。

我们坚信小鼠一定存在某些异常，于是便像大家平时做体检一样给小鼠抽了血，还检查了各种体内的数值，但所有数值都在正常范围内。于是，我们推测会不会小鼠体内的异常要经过较长的时间才能显现出来。一般来说，小鼠的寿命大约为两年，所以只要一直观察这只小鼠两年，或许到了它的晚年我们就能发现异常了。我们带着这种期待继续研究，但最终小鼠也没有出现寿命缩短或衰老提前这样的异常，它就跟普通的小鼠一样正常地长大、变老。

不仅它自身正常，甚至这只GP2基因敲除鼠还跟其他GP2基因敲除鼠正常交配，一窝接一窝地繁育了子孙后代。由此可见，它们的生殖能力也没受到影响。它们的子孙也继承了它们的基因，因此所有幼崽体内都没有GP2基因，但它们依然可以繁衍后代，健健康康地过完整个“鼠生”。我们耗费了大量的时间、巨额的研究费用，培育出了这种“GP2基因敲除鼠”，并带着一定能够有重大发现、一定能够搞清楚GP2基因的作用这种心情，长时间地坚持观察，但却没有在GP2基因敲除鼠身上发现任何异常……可以说，我们在这项研究上碰了一鼻子灰，走进了“死胡同”。

那时，我想到了很久以前拜读过的一篇论文中的观点，它说：“生命并非机器。生命就是处于动态平衡状态的流体。”这句话听起来像是一句诗，又好似哲学家的至理名言，但其实这句话是科学家鲁道夫·舍恩海默[①]说的。

他是一名活跃在70多年前的科学家，我想绝大部分人应该都不知道他。可能有些读过我的书的读者知道他，但一般来说，舍恩海默已经逐渐被世人遗忘，成了一位消失在历史长河中的无名之辈。再加上舍恩海默在年仅43岁时便谜一般地自杀了，这也导致他的存在更难以在科学史上留下浓墨重彩的一笔。另外，生物学不断在机械论的道路上推进，舍恩海默做过的实验和他的主张也不再为世人所关心。

当我再次面对“GP2基因敲除鼠”并没有出现异常这一事实时，我重新思考了舍恩海默做过的实验和他的理念，我一边想着他做过的事情，一边重新审视生物学，于是看到了“不一样的风景”。也就是说，我突然意识到了与机械论的视角完全不同的生命观。

① 鲁道夫·舍恩海默（1898—1941），出生于德国柏林的一个犹太家庭，由于遭受迫害而逃往美国，在哥伦比亚大学开展研究。通过在小鼠身上进行的分子代谢实验，得出了“生命就是处于动态平衡状态的流体”这一结论。这个观点也给福冈伸一带来了巨大影响。

舍恩海默究竟做了怎样的实验，说过怎样的话。舍恩海默也曾对“究竟何为生命”这个本质的问题进行过思考。

人为什么每天要吃饭？

维持生命通常需要每天进食，我也是一日三餐。这是为什么呢？在舍恩海默生活的20世纪前半叶，对于这个质朴的问题可能每个人都会回答——人每天要吃饭是天经地义的事情。那时的生物学界，机械论的观点已经成为主流，如食物和生物的关系会被替换成诸如汽车和汽油的关系来进行解释。也就是说，为了驱动汽车就必须得有燃料，所以要加油。汽油被送入汽车的油箱，经过燃烧，热能转化为机械能，从而使汽车得以行驶。当然，有时也会换成其他例子，如电能与电灯、空调的关系来解释。这样的解释可以让人们更通俗易懂地明白，汽油会被消耗完，会产生汽车尾气，尾气会被排出，因此需要补充新的汽油。

那时，人们对食物和生物的关系也是这样理解的。食物吃下去后会在生物体内燃烧，虽然不会像汽车引擎那样爆发性地燃烧，但会以一种缓慢的方式进行，也就是氧化。由此产生的热能会维持动物的体温，动能则转化为动物的运动，而其他化学能则会在生物体内转化成代谢能。但是，如果食物被全部“燃烧”掉，生物则会被消耗一空，因此需要获得新的能量。燃烧后剩下的残渣则会变成呼吸中的二氧化碳或尿液、粪便被排出，那时的人们正是这样认为的。在那时的人眼中，汽车和汽油的关系与生物和食物的关系是一样的。

而舍恩海默想要明确地探究这个问题。如果吃下的食物是100，那么真的能将这100的食物全燃烧掉吗？换句话说，如果100个粒子全都得到燃烧，并与氧气结合发生氧化后，能否从体内排出100的废气；吃下食物这个“输入”的行为与“输出”是否正好保持“收支平衡”？对此，舍恩海默试图从微观的角度进行精确探究。

舍恩海默开展相关研究的时间是20世纪30年代，在当时，这种实证研究并非易事。因为自显微镜在17世纪发明后，人类开始不断将生物进行细致的分解，如果要以极其微观的视角看待生物的话，捕捉到的就是由氧、氢、氮、碳等元素组成的集合。另外，进入生物体内的食物，无论是植物性的还是动物性的，归根结底也是粒子的集合。某个食物的粒子集合进入生物体内本身存在的粒子集合之中后，粒子和粒子会混合在一起，也就无法得知要观察的粒子去了哪里。

为了探究“输入”与“输出”的量是否匹配，舍恩海默在食物的粒子上做了标记，由此来追踪它们进入生物体内后究竟去了哪里。不过，当时人们认为在碳和氢等原子上无法做标记。然而在1930年前的一段时间，物理学取得了突破性的进展——人们发现即便同是碳原子，也分为普通的碳原子和质量数不同的碳原子，也就是说，人们发现了“同位素”。这个问题

舍恩海默研究的概念图。构成奶酪的微粒子,成为小鼠身体的一部分。

有点复杂，在这里我就不做详细解释了，大家就理解成舍恩海默仅在食物的粒子上用记号笔做了颜色标记就可以了，而颜色标记不会对粒子的气味、味道、外观、营养价值等产生任何影响，只是存在非常微小的原子级别的差别，因此肉眼也看不到。对于小鼠来说根本发现不了差别，只会被当作普通食物吃下去。

之后只要使用特殊的仪器便能看到着色的粒子，由此科学家便能观察到这些粒子究竟去到了体内什么地方，又或者是否成了尿液、粪便被排出体外。舍恩海默通过这种能够追踪到每一个粒子的实验方法，对生物吃下去的食物是否与汽车的汽油一样经过燃烧被消耗、被排出，然后再补充新的汽油这一观点进行了调查。

结果出人意料，小鼠吃下去的食物有一半以上没有被燃烧掉，而是融入了小鼠身体的各个部位，成了它的一部分。

如果把这个结果代入汽车和汽油的关系，那就意味着给汽车加的油并没有燃尽，而是变成了汽车轮胎、座椅、方向盘、螺丝钉的一部分。毋庸置疑，这根本不可能。但在生物体内，食物的原子、分子会四散到身体各处，并成为身体的一部分。

并且，舍恩海默的这个实验操作十分严谨，绝无漏洞。

首先，他会测量实验前小鼠的体重。由于这是只成年鼠，因此不会出现像生长期的老鼠那样体重变化幅度较大的情况。在让小鼠吃下用同位素标记的食物后，小鼠体内绿色的粒子会不断增加。在这个过程中，舍恩海默会一直测量小鼠的体重。接下来，他会收集从小鼠体内排出的所有东西，并调查哪里有同位素。小鼠被饲养在实验舱里，舍恩海默会将它呼出来的气体、粪便、尿液、毛发甚至皮肤上的汗液等全都收集起来。

经过数据比对发现，虽然同位素在小鼠体内积攒起来，但小鼠的体重与实验前相比并没有太大改变，几乎和平时的状态没有差别。这就奇怪了，食物的原子和分子在体内明明积攒起来了，但体重却没有变化，小鼠的体内究竟发生了什么呢？舍恩海默做了各种各样的实验，并对这一现象做出了如下解释：

一旦吃下去食物，构成食物的原子或分子就会转化成生物身体的一部分。同时，还有另一个肉眼不可见的转化过程，那便是构成小鼠身体的原子和分子会相应地被分解并排出体外。也就是说，生物吃食物与汽车加油并非同一个概念，食物会成为生物身体的一部分。

通过这个实验便可以了解到，无论是小鼠还是我们人类，生物的身体都是在不间断地重复“合成与分解”这个过程。为了不中断这个过程，我们才必须要每天都吃东西。这一观点区别于机械论生命观，是动态生命观。生物的生存并非只是像机器那样由许多微观的“零部件”构成而已，身体的“零部件”还会与食物的原子、分子等进行替换、合成及分解。

第二章

一年前的自己其实是“另一个人”

食物在身体中会变成什么?

对于食物进入生物体内会产生何种变化这一实验，舍恩海默还从其他角度进行了研究。

经过不断的合成与分解，食物的原子和分子会与生物体内的原子和分子进行替换。诸如指甲、毛发、皮肤的替换相对来说比较容易察觉到，但其实身体内部的每一处都毫无例外地发生着替换。并且，身体的不同部位替换速度也有快慢之分。在这里我想先问各位读者一个问题，大家觉得自己身体哪个部位的替换速度最快呢?关于这个问题，舍恩海默对身体的许多部位展开了实验观察，从而得出身体每个部位的替换速度。研究结果显示，消化管的替换速度最快，也就是我们平时说的胃、小肠和大肠。消化管表面的细胞基本上只需两三天时间便会被分解，并被排出体外。同时，吃下去的食物中的原子和分子则会合成新的细胞并替换掉原有的消化管细胞。因此，生物从体内排出的粪便的主要成分并非食物渣滓，而是经分解后排出的细胞渣滓。

消化管差不多每两三天就会替换一次。其他器官的替换虽然有快慢之分，但也都在进行中，如肌肉基本上需要两个星期的时间，而血液细胞则需要好几个月来进行替换。其他像骨头、牙齿这类看起来坚固的部位其实内部也发生着替换。此外，脑细胞里细胞和细胞的位置关系虽然不会发生变化，但细胞内部也在进行着替换。

因此，我们可以说“昨天的我”和“今天的我”其实略有不同。甚至可以说，“今天的我”与“几个星期前的我”已经发生了不小的变化，而与“几个月前的我”有了巨大的不同，与“一年前的我”则差不多是“改头换面”的程度了。也就是说，从物质层面来看，经过一年的时间，一个人几乎可以视作已经被完全替换掉了。因此，“一年前的我”说过的话其实是另一个人说的，“那个人”答应的事情“现在的我”并不需要遵守，因为从生物学角度来看我们根本就不是同一个人——当然，这是一句玩笑话，请不要当真。

不过由此也可看出我们的身体一直在发生变化，而舍恩海默利用同位素将这种变化可视化了。但实际上根本不需要可视化，环境中的东西进入自己的体内，一瞬间就融入身体并扩散开来的样子，其实正如《方丈记》[①]开头“ゆく川の流れは絶えずして、しかも、もとの水にあらず。よどみに浮かぶ泡沫は、かつ消え、かつ結びて、久しくとどまりたるためしなし”（逝川流水不绝，而水非原模样。滞隅水浮且消且结，那曾有久伫之例）所描写的那般，几乎同样的事情也发生在生命体内。

① 《方丈记》，歌人鸭长明于镰仓时代写的随笔。晚年，鸭长明生活在京都郊外的僧庵里，耳闻目睹世间百态写下此作。与《徒然草》《枕草子》并称日本古典三大随笔。

动态平衡

各位读者朋友应该都认为自己的身体是固态的吧。但如果我们以更长远的视角来看，便会发现我们的身体是不断流动的流体，它在流动的同时也在不断发生替换。由于舍恩海默是一名访美研究者，他曾用英语将“动态中有我们的身体。我们也处于动态之中”这个内容写进了论文。这一理念传达了有别于机械论生命观的另一种生命观，即我们的身体并非由微观的像塑料模型那样的零部件构成，而是更具有流动性且不断变化的。

意识到这一点后，我认为可以将舍恩海默的理念翻译成日语中的动态平衡，并开始倡导这个理念。

所谓“动态”，即总是运动着的意思。“平衡”即维持均衡，在不间断的流动中，能够维持合成与分解的平衡是我们的身体最为重要的特性。可以说，“正是因为有动态平衡，生命才能称为生命”。

动态平衡的特点是比起生产新的，更侧重于“搞破坏”。20世纪的生物学研究者针对细胞组成各个器官的原理展开了研究，到了21世纪，研究者渐渐搞明白了原来比起产生新器官，细胞更多的是在努力“搞破坏”。

2016年，大隅良典获得了诺贝尔生理学或医学奖。大隅教授的研究题目是《细胞的“自噬作用”[①]》。虽然学者们已经搞清楚了细胞中如何分解蛋白质，而细胞的“自噬作用”则可以说是完美地展现了“比起创造新的，破坏更重要”这句话的含义。而其中就包

① 线粒体或输送细胞等细胞内的构造体系由一层特殊的膜包裹并隔离，当酵素被输送进细胞后便会分解。分解后的物质或是进入循环或是被排出体外。也就是说，熵被丢弃了。大隅教授的团队将酵母这种微生物作为研究对象，阐明了自噬作用的原理。

在动态平衡中，就好比周围的八块拼图会填补空缺处拼图的作用那般发挥“互补性”。

含了“动态平衡的生命观”。

在不间断的运动中，反复进行的合成与分解也可以说成“为了不改变而不断发生变化”。虽然这话乍一听很是矛盾，但我们的身体确确实实为了不发生大的变化而时刻在发生着微小的变化。并且，正是因为合成与分解的动态平衡成立，所以即便我们的身体中缺少了某个东西，其他的也能接棒替补上，重新维持平衡状态。由此可见，生物的组成真是非常灵活。如果环境发生变化，身体也能为了适应新的环境而发生改变。例如，生病或发生事故时我们会好起来，受伤了也能恢复，生命具有的这种可塑性正是因为能够保持动态平衡才得以发挥作用。

那么，为何我们的身体明明处于不间断的动态平衡中，尽管去年的我和今年的我已经在物质层面完全不同，可我依然能够保持“我是我”的自我同一性呢？这样想来，我们还留有几十年前的记忆也是一件不可思议的事情。按理说，体内的物质都已经“大换血”了，即便过去的记忆丧失也不奇怪。但是，我们并没有成为那样。这个问题的答案，其实正是“因为生命能够保持动态平衡，所以才能使自身不会轻易发生变化”。这个原理被称为“互补性”。我们的身体各个部分之间会互相补充和支撑。

大家可以先在脑海里想象一下拼图的样子。我们身体中的细胞或细胞中的蛋白质就好比一块一块的拼图，它们在前后左右上下的关联中成立。甚至可以将我们的身体类比成一块巨大的拼图来思考这个问题。

那么首先，我们假设拼图正中央的一块被分解后丢弃了，但丢掉的那块拼图的周围还有八块拼图，而空缺处会留下原来拼图的形状。于是，为了填补这一空缺就会形成一块新的拼图，并由身体来决定这块拼图要放在哪里。这便是一种互补的关系。构成我们身体的每一块“拼图”都具有互补性，身体的各个部位会同时且频繁地出现交换。

食物的原子和分子会像拼图块那般与我们体内的原子和分子发生交换，细胞也在交换，但只要互补性成立，我们的身体就不会发生大的改变。虽然从微观角度来看，身体不断发生着替换与改变，但从拼图整体来看，受互补性的支撑，其实变化不大。像受了重伤等情况，拼图块一下子缺失了，互补性便会消失，有时甚至无法复原。排除这些极端情况，我们的身体因为有互补性的支撑，才得以保证自我同一性的认知。

自我毁灭的生命

此外还有一个问题，为什么我们的身体要不间断地一边自我破坏一边替换呢？这是因为我们必须要与“熵增大的法则”相抗衡。“熵增大的法则”听起来有些复杂难懂，但它其实是宇宙中一个最基本的法则，指的是有秩序的东西只能向着没有秩序的方向发展。“熵”可以被翻译成“杂乱”。例如，原本收拾整洁的桌面，只要过去两三周就又会变成纸张堆叠、书本东倒西歪、咖啡污渍一大片这种杂乱无章的样子。这种就被称作“熵的增大”。这是宇宙中的基本法则，因此无法改变。

建成之初大家都仰视的宏伟结实的石头建筑物，在数百年甚至数千年后随着时间的流逝，熵不断增大，最后变成砂石风化的建筑。刚泡好的咖啡冒着香浓的热气，但十分钟后就变温了。狂热的恋爱最后也会如咖啡一般冷掉，这也是由熵的增大造成的。

生物不断面临熵增大这个法则的威胁。例如，细胞总是要经历氧化，逐渐势衰，身体产生的废物不断堆积，蛋白质也在发生变性并濒临断裂。也就是说，面对“有秩序的东西只能向着没有秩序的方向发展”这个宇宙的基本法则，生命必须要一直拼死抵抗。事实上，这也正是生命存续的理由，同时也是方法。

一般来说，如果想让物品能够长久使用，就会把它做得很结实。住宅或其他建筑为了抵抗风雪基本上都会建得坚实牢固。但即便是建在市中心、建成之初光亮耀眼的高楼大厦，30年后也会“伤痕累累”甚至破旧不堪，300年后就没法住人了，3000年后甚至可能连存在过的痕迹都消失得无影无踪。但是，生命在

38亿年的浩瀚时间长河之中，非但没有消失，还连绵不断地存续了下来。

那么，为什么生命要一边与熵增大的法则相抗衡一边生存下去呢？这是因为生命在最初便放弃了让自己像建筑物那般“生而结实”的方式，转为让自己先以柔软脆弱的肉身出生，然后采取不断分解、丢弃、替换的战略来对抗熵的增大。在熵增大的法则袭来之前，生命“先下手为强”——主动地先进行破坏和替换来维持动态平衡。通过这样的不断重复，“秩序”也会不断地重塑，所以生命才得以存续下来。通过将生命视为一种动态平衡，我们也可以解释为什么生命能够延续如此长的时间。

对此，距今100多年的法国生命哲学家亨利·柏格森在自己的著作《创造进化论》中进行了这样的解释：“生命努力在物质的斜坡上向上攀登。”换个更好理解的说法，就是“努力想要在斜坡上攀爬的正是生命”。我认为这句话可以用更准确的语言来重新表达，所以我正在进行相关的理论研究，也就是我在这里介绍的动态平衡的数理模型。

根据万有引力法则，在高处将物体放下，这个物体会顺着斜坡掉到低处。当然，这与熵增大的法则不同，所以从物理角度来看，二者并没有直接关系。不过，为了方便起见，我们可以认为位于高位的物质会滑落到低位置的万有引力法则，就等同于良好秩序状态渐渐陷入崩坏秩序状态的熵增大法则。

我们假设现在斜坡上有一个代表生命的“生命之环”。为了不让这个生命之环滚落下来，请想象有一根看不见的手指暂时支撑着这个环。而生命是在不断运动着的，对外部环境是开放的。而通过这个向外的开口，物质、能量和信息等会在生命之环中进进出出。也就是说，由于生命是一个开放性的系统，所以半径为r的生命之环的一部分圆周是开放的。

为了让生命之环从斜坡与环的接点k这里开口，圆周会逆时针一点点削去。于是，如图所示，当圆周被削去1/3左右时，就会出现一个绝妙的平衡点。剩余的圆弧的重心m，正好处在接点k的正上方。这时，

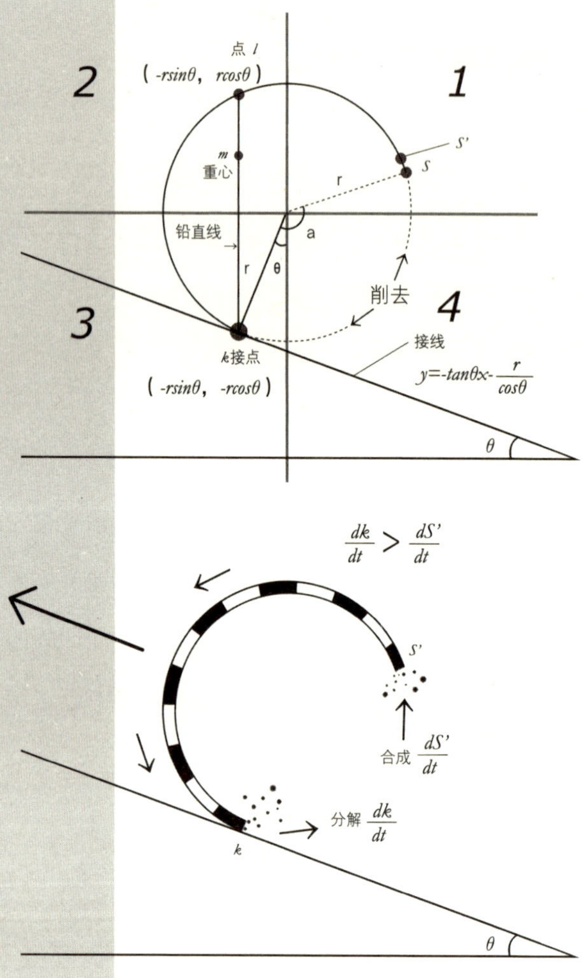

福冈伸一将动态平衡的组成进行模型化后得到了“柏格森之弧”。

通过重复合成与分解的过程，在熵增大的法则这个斜坡上往上爬。

圆弧就会正好停住。即便使看不见的手指离开圆弧，圆弧依然能够保持平衡，不会滚落下去。不过这种平衡其实非常微妙且易被摧毁。

接下来，从平衡点 S 开始继续逆时针削减。这时如果将手指拿开，剩余的圆弧重心 m 会稍微向左侧偏移，圆弧也会渐渐倾向左侧。向左侧倾斜意味着圆弧开始向斜坡的上方移动了一点。而这个圆弧削减的过程正是先于熵增大的法则进行分解的过程。

此时，圆弧为生命开放的一个环，处于合成与分解不断同时进行的动态平衡状态。分解从断点 k 开始发生，而合成则从另一断点 S' 开始。向左倾斜的圆弧断点 k 随着圆弧的滚动，会从原本与斜坡接点的地方向右移动。而断点 k 又会以拉回接点的速度开始发生分解（消失）。也就是说，从表面来看，断点并没有发生位移，而是一直与接点相接触。

另外，断点 S' 随着圆弧的向左滚动，会被拽向左侧移动。在与这个移动速度相抵消的速度下，断点 S' 会发生新的合成。也就是说，在断点 k 分解的同时，

断点 S'在发生合成。如果合成与分解的速度完全一致，按理说这个圆弧便能保持平衡，仍然处于静止在这个坡上的状态。但是，如果圆弧的分解速度（dk/dt）比圆弧的合成速度（dS'/dt）要快那么一点点的话，也就是说分解先于合成动起来，圆弧的力矩便会不断逆时针运动，按理说圆弧也就会一直向左移动。这就意味着圆弧有了向上爬坡的力。按照这个理论，我们能够制作出一个抵抗熵增大的法则的生命之环的模型，它会逆着斜坡向上运动。由于这个圆弧的一端不断在发生分解，而另一端不断地在合成，因此圆弧自身会缓慢地向斜坡上方滚动，在被削减掉圆周的同时，又有新的圆周产生。

但是，分解的量略多于合成的量就意味着圆弧在上坡的同时，自身也会渐渐变短。也就是说，生命之环本身存在寿命极限。因此，在我们自身的生命之环被削减完之前，我们会将接力棒交给下一代的生命之环，让生命延续下去。

我将处于向上爬坡的这个运动状态的圆弧命名为“柏格森之弧”，并提出了上述这个展示动态平衡数理概念的模型。

第三章

将利刃刺向生命的人类

如果怪医黑杰克移植鼻子的话

对比现如今主流的机械论生命观与新颖却很早就提出的动态平衡生命观，你会发现观点不同，看到的生命也有所不同。在这两种生命观下究竟生命会有何不同，接下来我会一边举例一边为大家解释。

下面这张图是让4岁左右的小朋友画出“你眼中的人类”时，得到的最典型的画。在幼儿教育领域中，因为小朋友往往会将手脚直接画在头上，所以这一形象被称为“头足人”。

我很惊讶的是，连仅仅4岁的小朋友都受到了机械论生命观的影响，因为在他们看来，人类就是由眼

幼儿画的“头足人”。由此可见，幼儿被“人类是由眼、鼻、嘴、手、脚这些部分组成”的想法支配。

睛、鼻子、嘴巴和手脚这些部分组成的。而这种想法是错误的，可以通过下面这个思考实验来证明。

在这幅画中，小朋友将人类的鼻子画成了三角形。现在，天才外科医生黑杰克[①]出现了，他想将A的鼻子移植到B的脸上。那么，黑杰克要怎么做才能将A的鼻子切下来后移植到B脸上，并让这个新鼻子在B的脸上正常使用呢？

首先假设第一件要做的事情是切鼻子。那么手术刀究竟要切多深才能将鼻子取出来呢？虽然从表面来看，鼻子是脸正中间那个三角形的凸起，但那只是能看到的部分，鼻孔深处还有一种被称为“嗅觉上皮细胞”的细胞，上面排列着数百万个气味感受器。人类就是通过这些感受器来感知气味的，鼻子里的神经束会将感知到的信号发送给大脑，大脑接收到后，脑细胞便会分析气味的类别。如果分析出是香味，便会与支配肌肉的部分联动起来，让身体靠近这个气味并做

① 手冢治虫的经典漫画《怪医黑杰克》的主人公。虽然没有行医执照，却拥有宛如神技的高超手术技能，是一名天才外科医生。

出吃喝的动作。反之，如果是硫化氢这种会对生命造成威胁的味道，大脑则会发出指令让人类屏住呼吸并压低身体，尽早做出逃离的动作。

因此，一旦考虑到鼻子的功能是嗅觉，那么在将A的鼻子移植到B的脸上时，黑杰克的手术刀就不得不更进一步往深处切，必须要将鼻子这个器官以及与之相关的神经、肌肉等全都进行移植。最终，黑杰克发现如果不将A整个身体都移植给B，就没办法将这个鼻子连同其功能移植成功。

也就是说，虽然小朋友认为人类的身体就是由眼睛、鼻子和嘴巴这些“零部件”构成的，但其实人类身体的各个部位全都相互关联，是一个“整体”。由此，我们可以认为“生命不存在零部件”和“生命不能单独划分出某个部分”。虽然从机械论生命观来看，生命可以划分成各个部分，但从动态平衡的观点来看，身体所有的部分都是互补且相互关联的，无法仅取出其中一部分。

我们再举一个例子，假设有人觉得膝盖疼。一旦上了年纪，人总会这里疼那里疼的，这很正常。这时，这个膝盖疼的人提出了“因为我膝盖疼，所以请给我换个新的膝盖”的要求。这也是机械论生命观的思维方式。即便给他换了新的膝盖，他的膝盖还是会继续疼的。这是因为膝盖的疼痛并非膝盖这个“零部件”损坏了，而是因为身体各处的平衡紊乱，导致膝盖承受了过度的身体负担。因此，即使换了一个新的膝盖，只要身体内部的平衡没有恢复如初，膝盖疼痛的问题就得不到根本解决。

一旦陷入机械论式的思考，就很容易认为哪里出了问题只要替换哪里就能解决问题。现在的医院也是按照身体部位分耳鼻喉科、眼科、食道外科等，我真担心今后该不会还要分专治左眼的专家和专治右眼的专家吧。毕竟生命处于动态平衡且具有互补性，所以按身体部位划分的方式并不恰当。

脑始与脑死

一旦站在机械论的视角，即便按照时间轴的发展来看待生命，人也会试图对生命划分时间节段。从动态平衡的角度来看，生命是连续的，所以即便按照时间轴也无法轻易地划分时间段。但人类总是不自觉地将生命按不同时间段来看待。例如，脑死亡这个问题，就是一个很好的体现。所谓脑死亡问题，其实就是在探讨人什么时候才算真正的死亡。

虽然人必有一死，但死亡并非瞬间之事。我们人体由多达37兆个的细胞组成，因此即便心脏停跳或呼吸停止，体内的大多数细胞在那一刻仍然活着。虽然之后由于供氧和供血的停止，这些细胞会逐渐死亡，但身体细胞全都死去是需要一些时间的。也就是说，死亡并非一下子就结束的，而是慢慢蔓延至全身。但如果真按实际情况来看的话，就会产生很多的“不方便”，如法律将无法准确界定或者交通事故现场无法判断准确的死亡时间等，因此为了方便处理许多实际情况，人类“擅自”将死亡当作了一个生命中的节点进行划分。

以前人们判断一个人是否死亡主要通过三点：一是“心脏停止跳动”；二是“呼吸停止”；三是“瞳孔反射消失”。因为如果人活着，用光照射眼球时会本能地产生突然闭眼的条件反射。一旦出现这三种情况，医生便会对守在旁边的死者家属说“抱歉，我们尽力了”，然后他们便会大哭着伏在死者身上——很长一段时间，人们认为这就代表一个人死了。但其实这三种情况也是人为界定的，事实上即便这三种情况出现了，距离全身细胞的死亡也还是需要一些时间的。

然而，最近人们开始转变思想，将死亡的时间向前追溯，认为脑死亡就意味着一个人的死亡。为什么会出现这样的想法呢？这是因为随着人类用时间定义和“操纵”生命，随之也诞生了新的产业。而随着新的医疗手段的出现，赚到钱的人也越来越多。

一旦将“脑死亡”定义为一个人的死亡，那么即便身体还活着也可以视作这个人死了，于是便人为地“预留”出一段特殊的时间。这样做即便这个人的身体从生物学角度来看还活着，但从其体内取出脏器等也不会被视为杀人，而取出的脏器则可以移植给其他人。也就是说，脑死亡是为了能够进行脏器移植而将死亡时间人为提前的说法，这也是基于机械论生命观而出现的“生与死”的划分方式。

和脑死亡同理，这种想法同样适用于“生”。如果脑死亡意味着一个人生命的结束，那么大脑的开始也就意味着人类生命的起点。生命究竟应该从何时算开始——这是一个极其复杂的问题。正如列文虎克用显微镜观察到的结果所示，精子游向卵子，结合后形成“受精卵”，我们当然可以将这里看作“生命的起点”，但由于精子和卵子都是活的细胞，这就意味着生命按理说在成为受精卵之前便已经存在。但在这里，我们先姑且认为形成受精卵这个新的状态才是生命“暂定的起点”吧。

受精卵形成后，细胞会不断增加，2个、4个、8个、16个……直到形成一团后，才终于能在母亲的子宫壁上“着陆”，医学上称之为“着床”。着床后，细胞会继续增加，并慢慢形成胎儿的形状。我们现在说的“生日”其实就是受精卵经过9个多月的时间，在母亲体内发育并最终从母亲身体中出来的日子，因此严格意义上来说，出生那一天并非真正的生日。真正的生日应该是受精卵形成的那一天。

虽然现在人为终止妊娠的人流手术在法律上是合法的，但能够进行人流手术的时间也被法律“擅自”规定好了，这个时间被定在怀孕22个星期以内。这其实也是人类擅自划的一条线。因为人们认为在这之前，那不过是一团细胞，所以将其拿掉是可以的。但即便那只是一团细胞，其实也已经形成了胎儿的形状，终止已经在成长路上的人类的生命在某种意义上就是谋杀，但人流在法律上也确实是被允许的。

一旦提出新生命的起点是“脑始”，而脑死亡就意味着人类的死亡这个观点的话，胎儿的大脑开始运转时才是人类生命的开始这种观点也就随之成立了。人类大脑开始运转要晚于可以人流的时间，差不多是在整个孕期的3/4时，这时胎儿的大脑开始出现各种反应，并形成意识。

因此，如果脑死亡意味着生命的结束，“脑始”意味着生命的开始，从“真正的生日”——受精卵形成那一天到大脑开始运转的这段时间也可以“为人所用”。这里说的“为人所用”是指可以作为医疗或生物学上的工具对生命进行人为的操作。也就是说，可以使用胎儿的细胞制造新的再生细胞或其他。这也是基于机械论生命观所得到的结论。

通过“脑死亡”这个新的概念，脏器移植成为可能，事实上也确实有很多人因此得救。并且，通过“脑始”将可对人进行操作的时间提前，也能利用人类“脑始”之前的细胞做很多事情，这在医疗产业上同样是有利的。但无论是“脑死亡”还是“脑始”，都是人为的划分，并非医疗的进步或其他。只不过是利用开始和结束的两端将我们生命的时间“框住”了而已。

对于脑死亡这个问题，机械论生命观和动态平衡的生命观在该如何思考生命的价值这一点上完全不同。可以说，从动态平衡的生命观来看，生命就没有时间的分节点。

如何治疗花粉症？

机械论生命观与动态平衡生命观的不同，还可以通过“为何抗组胺剂对花粉症有效”这一例子来论证。各位读者当中想必有花粉症患者吧。其实我也是花粉症患者，每年春天总是鼻涕不停、喷嚏不断，这些症状总是让我十分困扰。所以每年一到花粉症的高发季节，我都会去医院拿药，医生会给我开一种叫“抗组胺剂”的药。这种药吃下去确实会缓解花粉症带来的不适。那么，我们就针对这个药为什么对花粉症有效来思考一下吧。

花粉症因为有“症”这个字，所以往往被人们视作一种疾病，但其实并非如此。只是我们身体原本就有的免疫系统——与“外敌”作战的系统——有些反应过度罢了。

为什么会出现过度反应呢？虽然目前仍有一部分无法解释清楚，但可以这样来解释：现如今由于人们生活的环境变得过于干净，细菌或病毒不像以前那样轻易就能袭击我们，因此免疫系统会将原本不用对抗的花粉也视为“敌人”，并积极应战。虽然花粉无毒也不会增殖，即便进入体内不管它也没事，但由于飞散在空气中的花粉不断从口鼻进入体内，免疫系统便会无休止地与花粉作斗争。所以，为了尽早将“外敌”花粉赶出体内，身体会不停地流鼻涕和打喷嚏，这便是花粉症。

花粉症是由多种免疫细胞共同协作引起的。其发生机理是这样的：首先，当花粉进入人体后，某个细胞察觉到后便会发出报警信号——“花粉来袭！大家注意”，同时在其周围分泌出某种物质。然后，分泌出来的这些物质会与其他细胞中像天线一样的感受器相结合，在身体中产生反应。这个反应便是流鼻涕、打喷嚏或者流眼泪，从而尽快将花粉排出体外。而身体内发出报警信号的物质被称为“组胺”，而那个像天线的感受器被称为“组胺受体”。免疫细胞里的组胺会通知身体“花粉来袭”，并与组胺受体进行特殊的结合，当接收到信号后身体便会产生反应。这便是花粉症的机理。顺便一提，我现在是特意在使用“机理”这个词。

那么，如何才能治疗花粉症呢？其实非常简单，只要能在某处阻断这种反应即可。而为了阻断这种反应所开发的药物便是“抗组胺剂”，这是一种身体免疫细胞中原本拥有的组胺这种物质的“冒牌货”，或者说稍微“乔装打扮”后的仿造品。

一旦服用了这种药物，药物中的成分就会先于身体中真正的组胺与组胺受体相结合，并进行阻断。但因为药物中的成分与真正的组胺略有不同，所以仅会起到阻断作用但不能向内部发送报警信号。研究者专门选取了具有这种特性的物质将其制成了药品。

能够阻断受体的抗组胺剂无法向内部发送信号，因此即便花粉“侵入”体内，真正的组胺被释放出来，但由于“冒牌货”先将受体阻断了，所以身体内真正的组胺便无法与之相结合，免疫细胞也就不会做出反应了。也就是说，你不会再流鼻涕或打喷嚏了。免疫系统的合作运转在这里被完美地阻断了——这对于深受花粉症困扰的人来说可谓可喜可贺，而这也正是机械论生命观视角下，抗组胺剂对花粉症有效的机理。

这是一个非常合理的解释。大家听到我这么说后，甚至会很想去医院拿药吧。但生命并非机械，生命是一个流动的过程。如果以动态平衡的视角来看待这个问题，大家就会发现服用抗组胺剂并没有那么合理。这一视角下的关键词是“时间”。

我们使用显微镜等观察细胞的机理时，时间是停止的。就好比按下了遥控器上的暂停键，仅仅是通过某个局部观察细胞的状态。如果我们现在仅关注抗组胺剂与受体结合的这个局部的话，就只能解释这样做可以阻断体内真正的组胺。但事实上，细胞无论何时都处于动态平衡状态，一直都是运动、变化着的。因此，不将暂停功能解除，按照时间发展以动态平衡的视角来看抗组胺剂发挥阻断作用后细胞会如何变化，我们就观察不到药物的真正疗效或者说由此引发的现象。

由于动态平衡意味着一直保持运动状态，所以推出去的还会回来，沉下去的也会再浮起来，如果受到阻碍也会试图抵抗阻碍。动态平衡其实也意味着对于外界施加的操作，身体会进行“反抗”。那么对于抗组胺剂身体会进行怎样的“反抗”呢？我们解除暂停功能来看看吧。

我因为害怕花粉症的症状，一直服用抗组胺剂，而体内的受体由于总是被阻断，所以免疫细胞会制造出更多的受体，试图凌驾于这种阻断之上。另外，释放出组胺的细胞由于无论释放出多少组胺都无法与受体相结合，所以会不断释放出更多的组胺。在这种状态下，如果花粉进入体内，免疫细胞大量释放出的组胺就会和大量形成的受体相结合。而反应在我的身体上，我将不得不承受更严重的打喷嚏、流鼻涕和流眼泪的折磨，这个恶果可以说正是我一直服用抗组胺剂的“自作自受”。

虽然这是理论上的结论，但所有的药物都是如此，药物会通过阻断身体内的某种功能让人们以为药物发挥了作用。虽然暂停时间仅看某个局部的话，症状确实有所缓解，但如果长此以往，我们的生命就会开始“反抗”，体内会发生其他的变化。诸如一旦沾染上毒品，身体便会上瘾；或服用药物后，身体出现各种意想不到的副作用等，其实都是身体由于动态平衡而做出的“反抗”行为。

因此，我们不能将生命的运动按下暂停键后，仅以机械论的视角来看问题。如果不能以动态平衡的视角根据时间的发展来看问题，我们就无法看到生命真正的形态和变化。

疯牛病真正的可怕之处

此外，还有一个例子也是因为人类一味地以机械论立场看待生命而引发的不良结果——这便是“疯牛病”问题。这个问题也是由于人类把动态平衡的观点以及地球上各种生命都是息息相关的关联性抛之脑后，仅仅因为机械论视角上看似合理这一理由便展开了错误操作，最终遭到生命的集合体——环境的“复仇”。

疯牛病，顾名思义，原本温顺的牛会突然像疯了似的变得行为异常，症状表现为身体颤抖不止且无法站立，又或者突然撞向饲主，是一种非常可怕的疾病。这种病是因为牛脑受到了不明病原体的侵入，破坏了牛的脑细胞所致。1985年，英国首次发现疯牛病后，很快就蔓延至英国全境，大量的牛因此死亡。经过诸多调查，人们用了3年的时间研究了疯牛病瞬间扩散的原因，结果显示被污染的饲料是根源所在。

大家想想，牛的饲料应该是什么呢？由于牛是草食性动物，大家想象的画面应该是牛在牧场里悠闲吃草的样子吧。确实，有一些牛是这样饲养的，但患上疯牛病的牛几乎都是产奶的乳牛。为了让乳牛每天都能产出牛奶，就需要给它们吃大量有营养的饲料。但为了获取牛奶而使用昂贵的高营养饲料，这显然不符合养殖者的利益，因此养殖者选择了尽可能便宜但营养价值高的饲料——一种被称为“肉骨粉”的饲料。肉骨粉是一种将收集来的牛羊尸体通过大锅沸水煮、去骨、干燥，最终制成粉状的人工饲料。也就是说，原本是草食性动物的牛被人为地变成了肉食性动物。因为这样做更能提高经济效益。牛羊的尸体几乎是不用花钱便能获得的原料，因此肉骨粉十分廉价。而养殖者强行让乳牛吃下这种饲料，原本属于小牛的食物——牛奶也被人类榨取。

通过调查得知，在肉骨粉的制作过程中，一旦混入了生病的牛羊，那么病原体便会直接传染给吃下这种饲料的牛。疯牛病的病原体来自很久以前便存在的羊身上的“羊瘙痒症”，一旦饲料中含有羊瘙痒症病原体，那么吃下去的牛也会患病。

但这里就出现了一个问题。制作肉骨粉喂给家畜的行为被称为“动物尸体的回收再利用”，事实上，从20世纪20年代前后人们就已经开始将家畜的尸体制作成饲料喂给牛吃了，但当时并没有出现患疯牛病的牛。疯牛病是1985年突然出现的，在那之前就已经出现了羊瘙痒症，按理说羊的尸体混入饲料中的可能性非常大。于是，1985年疯牛病的暴发就成了一个新的谜题。

如果对这个谜题进行解释，就会发现这其实也是由人类浅薄的机械论观点造成的。我之所以这么说，是因为当时的时代大背景首先是1980年前后受中东形势影响，曾经有段时期原油价格飙升。在制作肉骨粉的过程中，石油是一个巨大的能源成本，如大锅煮、干燥等，整个过程都需要大量的化石燃料。而一旦制作燃料的石油价格飙升，人们就无法继续以低成本生产这种廉价饲料了。为了避免经济上的损失，人们开始大幅简化肉骨粉制作的过程，如缩短加热时间、干燥不彻底，在半干状态下就直接进入下一步等。而如果加热不彻底，病原体被保留下来的概率会大大增加。最终的事实证明，吃下这种“偷工减料”的肉骨粉后，经过5年左右的潜伏期，牛染上了疯牛病。这些恶果其实都缘于人类的“肆意妄为”，人类擅自破坏了生物原本的动态平衡并重新进行“人为的安排”，这才造成了悲剧的发生。

之后，事态继续朝着更恶劣的方向发展。吃下患有疯牛病的牛后，人类也出现了疯牛病的症状。这种病被称为“克雅氏病”，也就是说，人一旦吃下患病的牛也会被传染疯牛病。其时，身在英国的日本人即便回国后也被禁止输血。最终事态渐渐发展至日本也发现了疯牛病[①]。肉骨粉在世界范围内销售，最终也进入了日本市场，吃下这些饲料的牛最终患上了疯牛病，当时日本每年都会发现好几例。

因为含有肉骨粉的饲料在世界范围内流通，所以只要是喝牛奶、吃牛肉的国家都很有可能会暴发疯牛病。2003年，畜牧产业的帝国——美国也发现了疯牛病，当时日本禁止了美国产牛肉的进口，诸如日本连锁牛肉盖饭店或家庭式餐饮店等使用美国产便宜牛肉的食品、餐饮公司都陷入了困境。

在那之后，日本通过制定政策限制牛饲料的规范标准及其他安全对策等，重新开放了对美国牛肉的进口。现在日本已经有十多年没有再出现疯牛病，因此可以认为这一问题暂时告一段落了。虽然曾经人们认为吃牛肉是安全的，但由于人类擅自改变了生态系统，搅乱了动态平衡而造成的一系列恶性事件，至今仍记忆犹新。由此可见，动态平衡并非仅存在于某一

---

① 疯牛病的正式名称为牛海绵状脑病（BSE）。牛脑中的组织会变成海绵状，牛会出现异常行为或行动失调的症状，随后死亡。日本在2001年9月至2009年1月，共发现36头感染了疯牛病的牛。

个生命中，可以说它在整个地球的生态体系中也是成立的。

总的来说，生命、环境与自然都是在动态平衡中成立的，这种思想的重点并非关注其中某个要素，而是要素与要素之间的“关系”。并且，重要的并非“物”，而是“事”。

首先，我们还应该从时间轴上看待问题。如果总是一味地追求瞬间，将时间暂停的话，就会忽视生命的动态平衡，也就不可能搞清楚动态平衡究竟是怎样维持的。

其次，不要陷入局限的思考。例如，为了追求经济效益就强行将草食性动物的牛变成肉食性动物，以及饲料中使用动物尸体这种只顾眼前利益的行为，最终一定会给人类带来不幸。我们必须站在动态平衡的立场，去看待生命和世界。

阻止生命的流动意味着暂停时间，正如我刚才所说的，以局部、节点、某个部分来看待生命以及划分生命的时间节点的做法并不正确。生命并非可以人为操作、介入的，生命与生命之间是共生的关系。我认为如果我们不包容多样性的存在，就无法有效利用动态平衡这个理念。这也是我在此希望告诉大家的非常重要的一点。

日本足球国家队前主教练冈田武史很欣赏动态平衡这个理念，并且为我的书在腰封上写了这样一句话：“动态平衡是新的组织论。它会为我带来胜利。”冈田教练认为，一支理想的足球队应该是在每一名足球选手都能够保持动态平衡状态的同时，选手之间还能够相互辅助，如果能以这种“似散实聚”的状态来踢球，一定能够成为一支强大的队伍。对于冈田教练的这番话，我深表感谢，虽然确实正如他所说，但我必须要告诉他，如果真的出现了一支完美符合动态平衡的足球队，恐怕最先被淘汰的就是教练了吧。

扭曲自然的不自然的创造物

1965年获得诺贝尔物理学奖的物理学家朝永振一郎[①]，于第二次世界大战前的1940年前后，在德国留学期间写下了《滞德日记》。

朝永振一郎无论在日本还是世界都是顶级的物理学家之一，他在日记中写过一句非常有意思的话："物理学的自然其实是扭曲自然的不自然的创造物。"这句话里的"物理学"我觉得也可以换成"生

① 朝永振一郎（1906—1979），生于东京，在京都长大。他因提出"重整化理论"解决了电子质量会变得无限大这一量子力学上的矛盾，并与得出相同理论的两位美国物理学家一起获得了诺贝尔奖。

物学”。生物学的自然是“机械论视角下的自然观”。机械论视角下的自然观指的是，扭曲自然后得到的不自然的创造物。当年人们第一次看到的微观世界其实就是这么回事。但朝永振一郎并不只是写了这一句，后面他还写道：“穿过这个创造物后，又重新回到自然之中，这大概就是学问的本质吧。”

生物学的自然、机械论视角下的自然其实都是将自然扭曲了，也就是通过划分时间节段、整体划分成局部等人为操作，将其扭曲成“不自然的状态”后进行观察和研究。但朝永振一郎也强调，在经过这些机械论的视角看待问题后，还是要回归原本的自然。原本的自然就处于动态平衡之中，因此回归原本的状态才是学问的本质。然而，现代的我们却是以分析的眼光、还原主义的目的将自然扭曲成不自然的创造物后再去观察。人工智能（AI）类的产物也正是止步于此。但是，穿过这一切后，能够再次以动态平衡的视角回到真正的自然才是学问的本质。

朝永振一郎还写道：“用活动的照片看待运动的

方法便是学问的方法。”他口中的“活动的照片”其实指的是影像，也就是仅在一秒内就能有十几张图片来收录无限的连续动作，而每一张图片都是静止的画像。如果将这些静止的画像以翻书动画的方式看，会给人一种“它自然地在动”的错觉，这是以一种人为处理过的方式在看待自然。自然原本是没有秩序的，它时常发生变化，每次也都不一样。物理学和生物学将这样的自然模型化，替换成公式，并制定成具有复制性的法则。但这种做法只不过是将自然强行扭曲成“便于操作”的样子而已。身为一名科学家本应拥有这种自觉，但大多数科学家十分热衷于将自然分解、分析、模式化，他们将回归最原始的自然这件事抛之脑后，而这也正如朝永振一郎在日记中所言。自然、生命的本质以及动态平衡的本质都在流畅的时间中连续不断。“原来如此，我花了这么长时间才注意到的事情，原来很早以前就有人发现了，我只不过是换了个说法而已。”我一边这样想，一边读完了朝永振一郎的日记。“绘画则是以另一种方式在表现运动”——朝永振一郎还这样写道，对此我非常赞同，并在脑海中浮现了我极其热爱的维米尔的画。

维米尔巡礼

接下来我要谈谈我的兴趣，这部分大家可以放轻松一些。在前面的内容中，我提到了和显微镜的发明家列文虎克在同一时期、同样生于荷兰代尔夫特的画家维米尔。下面我要说的内容就跟他有关。

理科的学者想要在研究领域中独当一面需要花费很长的时间。读完大学需要四年，然后从硕士到博士的研究生阶段至少需要五年，提交博士论文后从而取得博士学位。这时，人基本也二十大几了，但仍然称不上是一名成熟的学者，甚至可能都养不活自己，以及有可能还必须要经历博士后[1]这个阶段。

我曾在位于美国纽约州的洛克菲勒大学留学。其间，我在曼哈顿租了一间公寓，每天都在拼命地搞研究。但那个研究所宛如“黑心企业”一般，我领着极低的工资却干着很累的活儿。当时的我遇到了很多困难，既有语言上的也有文化上的，但我想向研究所的老板证明自己的工作能力，所以非常努力地学习和搞研究。那段时间虽然我住在纽约，但我从来没去看过自由女神像，也没去过帝国大厦。当时，身为博士后的我既没钱也没精力去逛街观光。

纽约的街道纵横交错，呈棋盘状。当时从我住的破旧公寓出发到研究所之间的路，我每次都像描鬼脚图[2]那样今天选这条路走，明天选那条路走，然后沿途欣赏不同的街景，这就是我当时唯一的乐趣。纽约

① 福冈伸一曾写信给洛克菲勒大学的细胞生物学研究室，获得博士后岗位后赴美深造。在美期间每天都埋头于实验中。顺便一提，当时博士后的平均年收入为2万美元左右，工资并不高。

② 鬼脚图，在日本称作阿弥陀签（あみだくじ），是一种游戏，也是一种简易决策方法，常被拿作抽签或者决定分配组合。

也称得上是一座垂直都市，有超多高楼大厦耸立在这里，但在描鬼脚图般上班的路上我发现了一处低楼层的宫殿——一个叫弗利克美术馆的私人美术馆，里面展出着维米尔的真迹。当我看到美术馆里的画作时，我突然很感慨：“原来这就是那个维米尔！”这让我想起了自己少年时代去图书馆查列文虎克的显微镜时初次了解的维米尔，几十年后我竟然又与他相遇了。

列文虎克一直活到了90岁，但维米尔年仅43岁就去世了。在他短暂的生命里，留给世人的绘画作品现存仅有37幅。看到这里，可能有人会恍然大悟——37是个质数。大家知道质数吗？质数是指在大于1的自然数中，只能被1和它本身这两个自然数除尽的特殊数字。看到这样的数字，身为某种意义上的“维米尔宅男”的我不知为何瞬间全身像触了电一般，并暗自决定要将维米尔的37幅真迹看个遍。自那以后，我便开始了去世界各地的美术馆看维米尔真迹的巡礼之旅。这些画作有的被收藏在诸如巴黎卢浮宫或英国国家美术馆这样鼎鼎大名的美术馆，有的在遥远的爱尔兰的某家美术馆，甚至还有一幅被收藏在德国偏僻乡村的美术馆。为了看到所有维米尔真迹，我花了相当长的时间。最终我花了二十多年的时间，前往了收藏所有维米尔真迹的各个美术馆，并亲眼看到了37幅作品中的36幅，但有一幅画我没有看到。那便是曾收藏于波士顿的《音乐会》，这幅杰作在1990年失窃，至今下落不明。因此，这幅作品无论我怎么努力也看不到了。

看过所有维米尔的作品后，我作为维米尔作品爱好者，甚至产生了想要拥有这些画作的想法。但是，维米尔的画作基本上不会拿到市面上拍卖，即便拿出来卖，每幅画也会拍到100亿日元以上的高价。因此，想一次性欣赏维米尔的全部作品这个梦想是绝对无法实现的。但作为一个宅男，我也想过一些“歪门邪道”——将这些画以数码的方式进行复刻。画作的数码资料由代尔夫特维米尔中心提供，然后我将它们用计算机进行了补正。我通过分析维米尔当时使用的绘画工具，特别是那个令人印象深刻的青金石的蓝色，让复刻的画作呈现出350年前在油画布上的那种鲜艳明丽。就这样，通过最新的数码画像技术，我复刻了维米尔的所有作品。我使用了原本的颜色和尺寸将这些画作印刷出来，并裱上在各个美术馆展出的相同的画框，重现了维米尔37幅作品，最终成功举办了《维米尔：光影国度》画展。就连失窃的《音乐会》也通过保留下来的图像数据成功进行了复刻。

这个画展的最大亮点在于你可以按照年代顺序欣赏维米尔不同时期的画作。虽然每一幅画都是独立存在于画框中，但一旦按照年代顺序摆放，从时间发展的角度来看，你能看到维米尔的人生。可以看到维米尔就在这些画与画、框与框之间。也就是说，你能够“动态”地看到维米尔的人生。

《维米尔：光影国度》结束后，我再次获得了搬到纽约居住的机会。我向青山学院大学申请了休假，以客座教授的身份回到了老东家洛克菲勒大学。那时，我想把维米尔的展览带去纽约，好让纽约人也震惊一下。

于是，有趣的事情发生了。那时，我试着邀请了纽约的一名投资家、慈善家同时也是超级大富豪汤姆·卡普兰来看展，他个人收藏了维米尔最后一幅画《坐在维金纳琴前的女子》，没想到他竟然真的应邀前来。他对我说“我真佩服你对维米尔的热爱”，于是我将复刻版的《坐在维金纳琴前的女子》当作礼物送给了他。

此外，还发生了一件趣事。《戴珍珠耳环的少女》描绘的是少女转头的那一瞬间的样子。虽然绘画看起来似乎跟照片一样定格的是静止的时间，但正如朝永振一郎所说“绘画则是以另一种方式在表现运动”，画家通过描绘动作，展现出了动态的时间。虽然这幅名画看似描绘的只是少女转头的那一瞬间，但我们能从画中感受到“这一刻之前的时间”和“这一刻之后的时间”。虽然我们无法判断少女之后是会轻声呢喃还是会将视线挪到其他地方，但时间在这幅画中并非完全定格，画中有一些东西在流动。我认为这就是其与翻书动画不同的“另一种方式”。

这幅享誉世界的《戴珍珠耳环的少女》现收藏于列文虎克和维米尔的祖国荷兰的海牙莫瑞泰斯皇家美术馆。一天，收藏了这幅真迹的海牙莫瑞泰斯皇家美术馆给身在纽约的我打来了一通电话。一开始我以为对方要质问我“福冈先生，你总是制作这些赝品究竟是想干什么”之类的，但事情出乎我的意料。似乎对方打电话来是因为海牙莫瑞泰斯皇家美术馆在翻修后要重新开放，他们想为美术馆中最亮眼的名作《戴珍珠耳环的少女》制作一部一分钟的宣传短片。打这通电话是希望我这个“维米尔赝品制作者”也能参演。关于这部短片的内容，我可以为大家简单介绍一下：前半部分是荷兰的采访团队来到我位于纽约的公寓内，他们拍摄了我将仿造的赝品挂在屋里然后放松休息的镜头。然后我突然像想到了什么一般起身离开了纽约，我的目的地便是海牙莫瑞泰斯皇家美术馆。当我进入美术馆中挂有《戴珍珠耳环的少女》这幅画的房间，里面竟然出现了跟我纽约公寓房间一样的临时搭建的布景。但墙壁上挂着的是这幅画的真迹。

收藏了《戴珍珠耳环的少女》等维米尔作品的荷兰海牙莫瑞泰斯皇家美术馆为了重新开业制作了一部宣传短片，并邀请了维米尔作品爱好者福冈伸一来参演。这可谓一部独特且充满创意的短片。

也就是说，作为曾经的一名昆虫少年，我先是到访了显微镜的故乡，知道了列文虎克，知道了维米尔，知道了动态平衡，然后在维米尔巡礼中我复刻了维米尔的所有画作并对此感到十分开心，最后竟得到了真迹藏馆的肯定。

最后，非常感谢大家的聆听！

第四章

答疑解惑

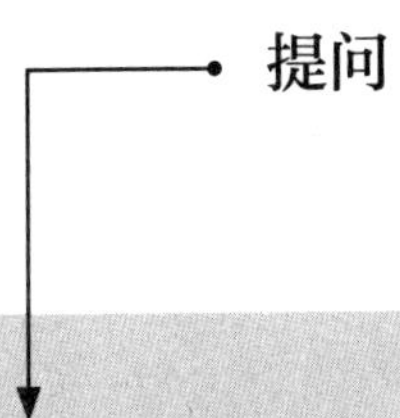

研究生物时的苦恼是什么？

福冈：研究是一个充满苦恼的事情。在做研究的过程中，99%的时间都充满了失望。即便通过实验坚信结果一定会怎样，但最终也往往令人大失所望。虽然剩下的1%会如预期，但这也并非因为假说正确，结果才按预期发展，一般都是出于实验设备哪里出了问题或药品搞错了之类"歪打正着"的原因。也就是说，最终结果即便按预期发展了，也只不过是出于人为的误操作等原因，碰巧"成功"了而已。这样的事情数不胜数，因此，研究者即便取得了一次成功也不会欣喜若狂，而必须要仔细地思考为何能够获得预期的结果，以及这个成功是不是得到得过于顺利了之类。如果对于顺利实现预期结果这件事轻易就相信了，而不加以验证，就会再次出现像STAP细胞[①]那样的事情。

---

① STAP细胞，用于制作可分化成各种细胞的万能细胞的一种人工细胞。前日本理化学研究所研究员小保方晴子作为共同发现者在《自然》杂志上发表了关于STAP细胞的论文。但随后论文被指出造假。其他研究者无法根据论文中的步骤复制出STAP细胞，最终否定了该细胞的存在。

提问

为何身体不断新陈代谢，但人依然会衰老？

福冈：这是一个重要的问题。在不断的动态平衡中，我们的身体重复着合成与分解。通过“破坏旧的、替换新的”这种方式来对抗熵增大的法则。因此，我们确实一直在“更新”，但为什么又会老去呢？这是因为无论动态平衡多么努力地“更新”自己，也无法彻底更新。

举个例子，即便我们认真打扫房间，但还是会有一些垃圾或灰尘遗漏在家具的缝隙中。与此同理，即便细胞中一直在替换和更新，但总是会留下一些酸化物质或废旧物质。所以我们身体这个“房间”是无法彻底“打扫”干净的。这样一来，那些遗留下的酸化物质、废旧物质长时间的积累的过程，其实就是衰老的过程。即便我们能够暂时性地对抗熵增大的法则，但却无法完全战胜它。最终还是会败给熵增大的法则，从斜坡上滚落下来。

提问

为何大脑也在『更新』，记忆却不会消失？

福冈：我们的大脑和身体中存在互补性关系的细胞和蛋白质。但记忆并非以物质的形式被保存下来。由于体内的物质在不断地重复分解、合成和交换，如果记忆是通过脑中的蛋白质被储存下来的话，早晚都会被分解和交换掉。但经研究发现，记忆并非某种物质，而是某种"状态"。记忆被储存在大脑中的"录像带"里，它并非被读取出来的，而是被保存在与脑内神经细胞（神经元）相关联的回路网中。由神经元的突触形成的回路依靠多次的电流通过而强化记忆，这样我们便能够保存记忆或回想过去发生的事情。而电流通过的道路——神经元的突触与蛋白质一样会进行分解和交换，但神经元和神经元之间保持着"互补关系"，因此记忆并不会消失。

请大家想一想东京的山手线。山手线是一条建于距今100多年的线路，无论是车站还是线路都进行过改造和更新，但山手线仍然是山手线。站与站之间的关系并未发生改变。涩谷的下一站是原宿，原宿的下一站是代代木，代代木的下一站是新宿。但线路、电车和车站在坏损之前就被新的取代了，正如我们现在所讲的动态平衡这个概念。记忆也是如此，就如同山手线上站与站之间的关系一样，细胞与细胞之间互补的关系不会发生改变，山手线会被保留下来，而记忆同样不会消失。

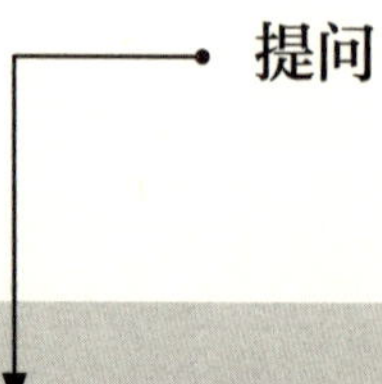

GP2基因的功能是什么？

福冈：关于“GP2基因敲除鼠”，我刚才已经讲过了，从小鼠的细胞中将GP2基因敲除并未发现异样。即便没有GP2基因，小鼠依然能够繁殖，它的子孙后代也没有异样。或许是在动态平衡的作用下，小鼠体内出现了强大的“接棒者”，总之小鼠能够在没有GP2基因的状态下正常维持身体的运转。关于这个原因，最近我们终于搞明白了。虽然自发现GP2基因已经过去了20年，但只要一直坚持下去，总会在什么地方有新的发现。

GP2基因在细胞中像天线一样探出头来探测着外界，而我们现在弄明白了与这个天线相结合的是什么。人之所以食物中毒是因为开始腐坏的食物中存在一种被称为“沙门氏菌”的致病菌。沙门氏菌的“尾巴”上有一种被称为“FIMH蛋白”的特殊蛋白质，GP2基因具有识别和捕捉FIMH蛋白的功能。如果身体外侧的消化管[①]中存在有害细菌，为了做好与之战斗的准备，GP2基因会通知位于身体内侧的免疫系统该细菌的存在。当GP2基因捕捉到沙门氏菌后，便会穿过细胞进入身体内侧，承担起信使的职责，告诉免疫细胞“这里有坏人在外面鬼鬼祟祟，大家做好战斗准备”——这便是GP2基因原本的职责。

至于为什么当初我们研究GP2基因时并没有发现它到底起什么作用，是因为我们掉进了某个陷阱中。“GP2基因敲除鼠”是活着的实验材料，并且是我们花费巨额研究经费才制作出来的实验鼠，对我们来说非常非常重要。如果它们死了会很麻烦，所以我们在饲养“GP2基因敲除鼠”时曾一度极其小心翼翼。我们让它们生活在彻底除菌后的干净房间，给它们吃的也是彻底消毒后的食物，因为我们担心小鼠会因为不洁净而生病。但这正是我们掉进的陷阱。如果是在彻

① 虽然人们大多认为从口到胃、肠、肛门这些消化管都属于身体内侧，但在医学和生物学上，将像竹轮卷那样有孔穴的器官视为身体外侧。GP2基因会发现身体外侧的消化管中存在沙门氏菌，并将这个信息通知给身体内侧的免疫系统。

底杀菌的环境中，小鼠根本不会接触到沙门氏菌，也根本不会有GP2基因发挥职责的机会。它们的子孙后代亦是如此。因此，当时我们怎么也搞不明白GP2基因的作用。

研究人员经常会被问到“这项研究有什么用”这样的问题。所以，我一度无法回答GP2基因的研究究竟能起到什么作用，当时我能回答的就是“舍不得孩子套不着狼，也要让小鼠多经历一些才行”。虽然我这是半开玩笑的说法，但在GP2基因研究中我最大的收获是意识到了动态平衡这个概念。

当弄明白GP2基因的作用后，我也能为这项研究的意义稍微辩解一下了。GP2基因会代替沙门氏菌，在它的“尾巴”上产生出一种会粘连在FIMH蛋白上的物质，并让GP2基因识别出病菌，经过消化管带进身体内侧。这样一来，便能告知身体的免疫系统有病毒入侵的危险。一般来说，让病毒蛋白进入身体内侧采用的是注射疫苗的方式。如果只是将疫苗注射到消化管，疫苗就会被消化酵素分解，无法直接被吸收。

但是，经由GP2基因让病毒蛋白质进入身体内侧的方式，则能让病毒蛋白质的一部分去通知身体的免疫系统，或许今后就能够研发出不通过注射的方式，而是仅需口服就能起作用的疫苗了。如果能够成功，这项研究也就能为社会做出些许贡献了。

提问

人类究竟为何要保护那些濒临灭绝的生物?

学生：即便有些生物灭绝了，我认为它们与人类也没有直接关系，请问您怎么看待这个问题？

福冈：大家看到蟑螂会立刻想要打死，甚至会想如果蟑螂能从世界上消失就好了。看待蚊子也是如此。你被蚊子叮了后会发痒，所以就觉得蚊子也灭绝就好了。可能大家会认为被视为“害虫”的蟑螂和蚊子即便从地球上消失了也不会对人类产生直接影响，但这个想法其实大错特错。

如果蟑螂从世界上消失了，恐怕地球也就毁灭了。大家可能以为蟑螂最多的地方是厨房，但其实大部分蟑螂都在热带雨林里。它们生活在亚马孙森林的杂草地里，以枯草、昆虫和动物的尸体为食，它们将这些“食物”分解后，又让这些“食物”回归了泥土和大自然。所以，它们其实是地球的清洁员和垃圾处理者。如果蟑螂从生态系统里消失了，地球很快就会垃圾成堆。

蚊子对地球也很重要。因为有很多生物都以蚊子为食。以蚊子为食的昆虫，还会成为其他昆虫或鸟类的食物，而这些鸟类同样也是其他肉食动物的食物。因此，从生态系统中将蚊子清除的话，就会破坏整条生态链，最终在连锁反应下，地球的动态平衡也会遭到破坏。所以，对人类没有直接影响的生物并不存在。

提问

地球上最有趣的生命体是什么？

福冈：每个人对“最有趣”的定义都不一样，所以请允许我稍微修改一下这个问题。我们假设外星人乘坐UFO来到了地球附近，要观测地球。它们要调查地球上最有趣或者说生存繁衍得最兴旺的生物。那么，大家想象一下外星人看到的地球上最兴旺的生物是什么呢？大家可以猜一猜地球上什么生物最多。这个最多指的不是数量，而是合起来的重量。地球上现在共有约75亿人，合起来的重量想必也是巨大无比，但合起来最重的“另有其物”。

这种生物就是玉米。每年玉米的产量都能达10亿吨以上。即便所有人类的重量加起来也不过3亿吨左右，因此地球上生长得最兴旺的生物其实是玉米。从外星人的视角来看，玉米生长在地球的各个地方，让人类像奴隶一样为自己劳作，使自己生长得茁壮而繁茂。虽然可能有人觉得“我也没吃那么多玉米啊”，但其实玉米还会被用作家畜的饲料，因此当人吃了这些家畜，也就是间接地吃了玉米。

提问

你认为人工智能的奇点会超越人类的智慧吗？

福冈：现如今，人工智能（AI）发展得如火如荼。奇点指的是2045年前后，人工智能将超越人类的智慧统治世界或者几乎能够代替人类完成所有工作的特殊技术性时刻。但在生物学家看来，奇点绝对不会到来，人工智能也绝对不会超越人类的智慧，这是因为人工智能无法考虑动态平衡的问题。动态平衡意味着首先要自我破坏，然后再进行更替。并且，破坏与更替同时发生。但人工智能无法自我破坏，也无法将没有关系的两个事物结合在一起。人工智能的作用是依靠大数据中时间的算法，就如同将时间分解成翻书动画一样，将时间以一张一张静止图片的形式连接和组合，再从大数据中的经验值推算出规律或法则。因此，反过来说，今后这一类型的工作或许会被人工智能取代。诸如象棋、围棋、飞机以什么顺序飞往哪个机场更有效率等，这类像拼图一样的工作或许人工智能将会凌驾于人类之上。从这个角度来看，我认为可能几十年后人工智能会更加进步，汽车的自动驾驶将成为可能，但生命的本质在于动态平衡，“两件相反的事情会同时发生并保持某种平衡”，这是人工智能绝对无法实现的。所以，我认为机器轻而易举地凌驾于人类智慧或生命之上这件事并不会发生。

今天是“最后一课”。我也将不复存在，那么就请大家去见证人工智能奇点不会到来的那个未来吧。

提问

为何动态平衡的生命观无法成为主流？

福冈：虽然我努力说了这么多关于动态平衡的话题，但现如今的主流思想依然是机械论生命观。生物学的主流、医学以及产业都是在机械论生命观下不断推进至今的。动态平衡的生命观虽然是一个非常出色的概念，但无法成为主流。究其原因，其实是动态平衡的生命观让人们“无法从中获利”，显然不符合资本主义的做法。生产缓解花粉症的抗组胺剂这种药物能让药厂赚到钱，这便是符合资本主义的做法。但从动态平衡的生命观来看，一直服用抗组胺剂早晚会遭到生命的“报复”，所以我们只能“束手无策”地与花粉症一直这样“打交道”下去。这种“想开了”或者说“放弃抵抗”、顺其自然的做法符合动态平衡的生命观，却不符合资本主义的做法。但我并不会放弃，将继续为大家宣传动态平衡的生命观。

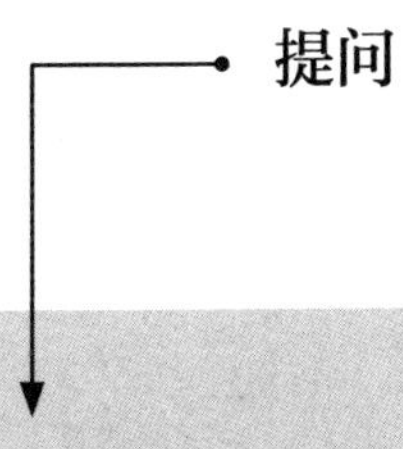

动态平衡是否会遗传？

学生：关于动态平衡，我有两个问题。首先是“最终是什么地方会根据动态平衡而产生变化”。比如，您刚才说到如果一直服用抗组胺剂来缓解花粉症的话，体内的组胺分泌和受体便会增加。那这会遗传吗？

福冈：我先回答你这个问题。所谓动态平衡，指的是你当下活着的状态会如何变化，所以动态平衡导致的新平衡状态或者与药物对抗产生的平衡状态，其实仅限于当下。因此，遗传并不会发生。虽然身体内部的构造会遗传，但它们将如何在新生命中创造出动态平衡的状态其实是交给新生命自己去完成的，新生命会在生存的环境中与环境建立新的平衡，因此我建立的动态平衡并不会直接遗传给下一代。

提问

是否会出现外部没有进化，
但内部进化了的情况？

学生：第二个问题是关于您刚才讲到的“合成与分解”的“柏格森之弧”那部分，如果从长远来看，这是不是一种进化？但现代的人类与战国时代或平安时代的人类相比似乎也没有进化多少。那么，是不是存在外部没有进化，但内部进化了的情况呢？

福冈：如果由合成与分解建立的平衡状态能够适应环境，那么这种平衡状态便是有利的，也会通过遗传保留下来并逐渐扩大。因此，动态平衡的结果基本上是个体自身的问题。以很长的时间轴来看，有可能会发现通过遗传继承下来的某种模式，但这种结果的显现仅通过500年或1000年这样的时间单位是看不出来的。进化的时间轴会拉得更长，需要5万年、50万年甚至500万年才有可能稍微发生改变。平安时代的人类与现代的人类其实从生物学角度来看，几乎没有发生进化。因此，确实可以说那时的人与现代人没有什么不同。

但是，基因并非直接起作用的，人类会在外界创造出一些东西并继承下来，我们可以称之为“文化”，而文化是在不断进化并变化的。人类与文化共生，因此平安时代的文化与现代文化自然是不同的，而变化的结果便是造就了今天的我们。这种变化不是一个好与不好的问题。进化也不一定就意味着改良，我们只要认为它是一种变化就可以了。

提问

能否将动态平衡代入社会或
文化中去思考？

学生：在您的演讲中，提到了日本足球国家队前主教练冈田武史说过“动态平衡是组织论”这样一句话，那么我们应该如何将动态平衡这种人类或生物体内的现象，套用到社会、文化这些人类和生物体外的关系网中去思考呢？另外，思考时有哪些注意事项呢？

福冈：在将生物所做的事情或者生物存在的形态直接套用到人类的集体中时，确实有一些需要注意的地方。我认为这时并不能仅因为规律相似就直接拿来套用，而是要慎重地思考。不过，动态平衡的概念是在重复合成与分解的同时，保持某种状态的平衡，保证这种动态持续下去。如果仅看这部分，尽管人类社会中所有的要素都在进行替换，但整个集体或组织仍然能够保持某种平衡。

比如，青山学院大学每年都会送走一批毕业生，并迎来新生入学。如果把学生看作“要素”，那么尽管要素在流动、替换，青山学院大学的某种“企业色彩”或者说学校特色仍能被保留。刚刚进入学校的新生会了解学校的文化，而学校里的学长学姐也会按照他们的方式尊重新生，这就可以说是在保留有某种互补性的同时又在变化发展的状态。因此，我们可以说人类创建的组织或多或少都处于动态平衡状态。公司也好，社团也好，以及其他组织、集体都是一样的，尽管要素在变化，但一定的文化、价值观是在组织内部共有的。因此，我认为是可以将动态平衡的观点代入进去的，也能成为组织论的一种指导思想。

提问

如何推导出『何为生命』

这个问题的答案？

学生：针对“何为生命”这个问题，您刚才展开论述了许多观点。那么，您为了推导出答案，是专门研究了教育学才将这个问题引导到今天的结论上，还是在深入学习各种知识时，偶然发现能够应用到今天的结论上的呢？

福冈：我认为是后者。如果有人问我“何为生命”，我会回答他“生命就是处于动态平衡中的流动”。如果平时就这样看待生命的话，就会发现正如柏格森所说的“生命努力在物质的斜坡上向上攀登”。而教育学中的“头足人”虽然是机械论生命观的看法，但我们也能够重新以动态平衡的视角审视这个问题。当我掌握了动态平衡这个理念后，我感觉到我逐渐开始发现世界上能用动态平衡解释的事物越来越多。

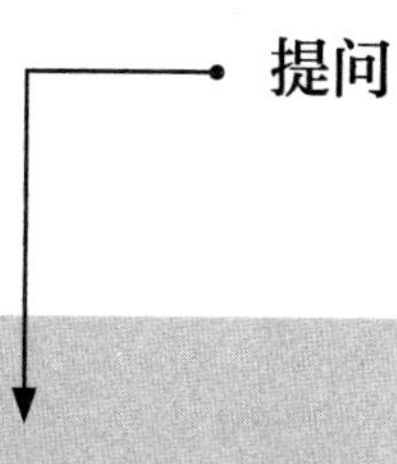

如何看待合成生物学？

学生：我认为合成生物学是收集要素创造生命的学问，如果从动态平衡的角度来考虑，我想是不是最终就无法创造生命了呢？您是如何看待合成生物学的呢？

福冈：我们以葡萄糖转化成丙酮酸并生成能量的“糖酵解系统”为例来看。糖酵解系统指的是仅仅6个酶按照顺序依次让葡萄糖发生变化，并生成能量的过程。那么，是不是只要我们在试管中将这6个酶提炼出来并混合，然后放入葡萄糖，它们就会自动开启糖酵解反应并产生能量呢？答案是否定的。即便我们将这些要素混合，得到的也不过是一管类似于混合果汁的东西，其中的平衡状态并不成立。因此，仅收集要素并不能建立动态平衡，为了驱动动态平衡还需要“附加条件”。如果要研究这个“附加条件”到底是什么，那么合成生物学就是一门非常有研究价值的学问了。

这个附加条件并不是精神上的东西，也无关神圣论。这6个酶只有在细胞中以特殊的拓扑学规律确定好彼此的位置，在一层看不见的膜上完美地处于自己的定位，并相互合作地运动，才能让合成与分解的平衡成立，所以应该存在某种支撑这些要素的、肉眼看不到的结构。只要解开这个谜题，合成生物学便也有了其存在的意义。动态平衡最终并不是只关注某个要素，而是研究要素与要素之间的关系，这一点我认为极其重要。合成生物学如果也能朝着这个方向，即并非只研究某个“物”、某件“事”或某个“要素”，而是始终不忘“作用”这个重点来推进研究的话，我认为在解析生命这件事上有着很大的意义。

提问

审美与艺术在漫长的历史中有着怎样的进化意义？

学生：我们听到音乐会感到心情愉悦，看到美术作品会觉得视觉享受，这种对于美或艺术的感觉，在漫长的历史中究竟有着怎样的进化意义呢？

福冈：看到什么东西觉得美或许是有其进化意义的。例如，维米尔的《戴珍珠耳环的少女》中少女头上包裹着的头巾就是非常鲜艳美丽的蓝色。小时候我捕捉昆虫时，非常喜欢背上泛着蓝光点的琉璃星天牛，我觉得这种蓝美极了。但是，人类认为这样的蓝光是美丽的，它的起源在哪里呢？从光的波长①来看，蓝光的能量要大于红光的能量，因为蓝光更接近紫外线。因此，远古海洋中的生物如果为了光合作用做出逐光的行动，它们首先就会向着蓝光的方向移动。因此我们至今仍会觉得蓝光很美。我认为美起源于那些

① 人眼可感知的可见光有赤、橙、黄、绿、蓝、靛、紫，这些可见光的波长不一，其中红色的波长最长，紫色的波长最短。波长越短，光的能量越大。波长短于紫色光的电磁波称为紫外线（反之，波长长于红色光的电磁波则是红外线），如果波长继续变短，则是X射线或伽马射线，这些射线会给人体带来强烈的影响。

我们觉得是生命必需的东西，所以才会感到美吧。

那么音乐呢？雄性在向雌性求偶时，作为沟通的工具，昆虫或鸟类会互相鸣叫，呼唤对方。有人认为这就是音乐的起源，但对这个说法我并不赞同，我认为音乐的起源另有其处。音乐究竟是从哪里发出来的呢？答案是从自己的体内，从生命中发出。心脏的跳动、呼吸、肌肉的抖动、脑波等都是有节奏的。因此，我认为人类或许是为了用其他的方法来确认自身发出的声音，或者用与外部节奏共鸣的方式来确认自己还活着——音乐被视为一种确认工具。因为自身生命演奏的声音很美，所以我们也会认为音乐很动听。我个人觉得或许这才是音乐的起源。

提问

如何看待艺术在当今社会中的作用？

学生：刚刚您对于柏格森的数理模型给我们带来了生动的解释，我听后颇为感动。您在后半段谈到，机械论生命观在包括医疗在内的领域都成了主流，也因此出现了像疯牛病这类问题。柏格森说过，能够在人类为了生存而出现的技术和思考中起到中和作用的是艺术。那么您是如何看待艺术在当今社会中的作用的呢？

福冈：正如朝永振一郎所说，像物理学、生物学这样的科学为了解释自然这个混沌状态下的东西，首先要将自然简化、机械化、模型化，让其处于一个不自然但是便于研究的状态去观察，即将自然扭曲成不自然的东西后再去看待它。这是一种还原主义的视角，或者说将时间进行细致的区分后再像翻书动画那样去观察，并通过这种方法来解释世界。这是一种逻各斯[①]式的解释，即通过语言将自然分节化的解释。

---

① 逻各斯，欧洲古代哲学用语。希腊文的音译，意为“语言、思维、理性”。主张万物处于不断变化之中的赫拉克利特认为，万物不断变化的另一方面，其背后有着不变的绝对法则。

也因此，朝永振一郎才又补充说在那之后还要回归原本的自然之中。根据科学进行分节化、模型化后的自然要想再一次还原回“Physis（自然）[①]的自然”，到底是一个统合的力来起作用，还是其他的力起作用，目前还无法准确地下定论，但对于学问经细分后过于人为看待的事物来说，要想回归原本的自然，我认为恐怕还是艺术在发挥作用。

① Physis，希腊语，意为“自然”。指的是万物从那里出生，并在那里消亡的根源。也可以视作生命之源。

提问

临床医生和兽医该如何看待动态平衡并面对日常的临床实践呢？

学生：医学和兽医学也是在机械论生命观的视角下发展至今的学问。也正因如此，我认为临床医生和兽医更应该注重动态平衡的观点，那么我们平时具体该怎么面对临床工作呢？

福冈：医学与兽医学作为一门学问，必须要有科学依据，必须考虑如何才能通过配药、手术等介入性方法提供标准化的治疗。但是，医学所救治的每一个人都保持着自己固有的动态平衡状态，因此使用根据科学依据平均化、标准化的治疗，很有可能会导致个体独特性的消失。这是医生最清楚不过的事情了，想要成为兽医的你相信也感受到过。根据标准理论、标准治疗或采用了平均值的科学依据来看待实际的生命体，就会惊讶于原来个体差异与标准之间相差如此之大。

但是，“解决问题”——缓解患者或动物的疼痛或医治某种症状——是医生或者兽医在临床上最重要的工作。并且，正如我前面举过的例子，如果患者说膝盖疼，我们不能只给他检查膝盖，而是要明白这是身体种种问题都集中表现在了膝盖上才造成的疼痛，必须从整体出发看待膝盖疼痛这一问题，千万不要忘记“从整体思考生命的成立”这件事。如果过度从机械论的视角看待生命，就会成为一名依赖科学依据、依赖标准化治疗的“秀才型”医生。

生命是建立在动态平衡的基础上的，我认为应该将重点放在平衡被破坏从而导致病症出现这一想法上。请你一定努力成为一名好兽医。

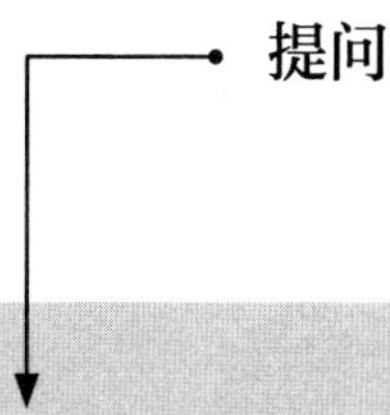

不断增长的认知储备是否会通过遗传影响到后代？

学生：我在学习小提琴，但我总是站在机械论的视角在练习，如演奏时总想着不出错地拉好旋律和节奏。但越是追求高水准艺术的演奏家，如柏林爱乐乐团，就越倾向于以接近动态平衡的概念，从音乐的变化、乐句、要素关系的视角来演奏。听完老师您的演讲，我也希望自己能够像大家一样演奏。那么我想提一个问题，诸如通过努力提高的小提琴技巧、阅读能力、学习能力等认知储备，这些能力是否会通过遗传影响下一代呢？

福冈：关于练习小提琴这件事，我认为学习某样乐器，在最开始的阶段必须要依靠“要素”来练习。生物学中也存在需要背诵的部分，各个术语的基本概念必须要背下来。因此，请大家在学习之初先不要仅关注动态平衡，要先夯实基础知识。基础知识有着必须要进行机械论学习的一面。接下来重要的才是如何整合已掌握的基础知识。正如朝永振一郎所说，将自然按照机械论的视角扭曲并理解后，必须要考虑如何才能再将它放回原本的自然之中。但在那之前，必须要先将基础知识、基础能力或者基础的演奏技巧夯实、提高。

等今后大家到了30岁、40岁、50岁，会逐渐形成自己的世界观。但遗憾的是，我们大脑中新形成的回路是不会遗传给下一代的。下一代会通过自身的经验、学习和训练，重新建立自己的动态平衡，但我们可以告诉下一代如何攀登学问的高山或人生的高山。我们不能让马喝水，但可以将马引导到水边，告诉它这里的水可以喝。虽然我们的知识储备不能直接遗传给下一代，但我们可以告诉他们如何学习才能看到更自由、更广阔的世界。我希望你也可以将自己的经验传递给下一代。

我在这里希望大家拥有的并非机械论世界观，而是动态平衡的世界观，但如果各位不能通过加强自身学习去理解动态平衡，这一观点就永远不会为你所用。今天大家在这里听我的一番话，想必对大家的想法也会产生一些影响。也就是说，我其实是将大家引导到了“水边”，我能做的事情也就到此为止了。

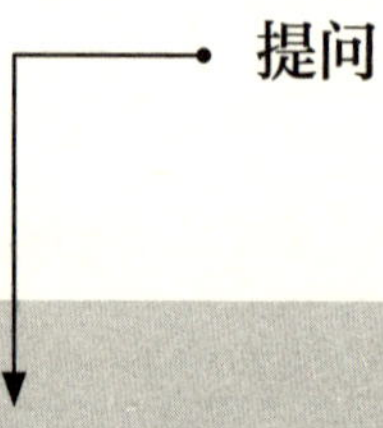

生命什么时候才叫生命？

学生：我也是想要弄明白“何为生命”这个问题，所以来听了您的演讲。动态平衡的理论我已经明白了。我也明白了生命中存在动态平衡，那么如果从机械论的视角将自己细分、再细分的话，究竟到什么地步才是生命呢？细胞自身也是动态平衡，所以也是生命对吧。但您刚才提到并非某一个生命，而是整个生态系统在推动动态平衡。所以我在想视角不同，生命的定义也会不同，不同的观点下整个地球乃至整个宇宙是不是都能看作生命呢？这是我自己的一点小感想，我不是很明白。

福冈：我来回答你这个问题。确实正如你所说，“何为生命”这个问题的答案，取决于“如何定义生命”。因此，按我认为的“生命是动态平衡”这一定义来看，细胞也是生命，细胞和细胞的集合体——我们人类也是生命，由个人聚集形成的人类社会也是生命，人类和其他生物相互作用而形成的地球整体也是一个生命。根据生命的定义，究竟什么才能视作生命的标准会发生变化，范围可能扩大也可能缩小。从动态平衡的观点来看，我认为完全可以将整个地球也视作一个生命体。

提问

是否有方法可以论证动态平衡？

学生：您的动态平衡观点我从初中时就非常喜欢。但同时我又认为"人之所以进化成这样是有其意义"的这种说法欠缺说服力，因为它无法论证。某种意义上，我甚至怀疑这种说法是否科学。虽然从概念上来讲这个说法很有意思，但在科学上无法证实，所以我总是带着一些怀疑，甚至觉得老师您说的动态平衡的观点也有点类似这种情况。例如，达尔文的进化论[①]对现代的生物学世界有着深远的影响。那么，为了让100年后、200年后未来的生物学世界也能认为动态平衡的观点是"理所当然"的，有没有什么能做的呢？您是否认为有方法可以论证动态平衡呢？

福冈：你说的前半部分我很赞同。在思考生物时，有许多方式，但我们无法通过实验验证生物的进

---

① 英国自然科学家查尔斯·达尔文（1809—1882）提出的关于生物进化的革命性观点。达尔文在1859年出版的《物种起源》一书中提出了这个观点。这个观点认为生物在不断地发生微小的变化，这种变化本身并没有方向和目的，而是环境经过长时间选择了这种变化。

化。因为我们无法验证100万年间“因为某个条件这样变化了，所以结果也就这样变化了”这样的事情，所以也无法清楚地证明这件事。达尔文的进化论基本上是正确的，也是被大家广泛接受的说法，但仅靠达尔文的进化论，无法解释的生物特性也有很多。

例如，我们的眼睛。这是我们身体上高度进化的器官，但只有晶状体，我们是看不见的，只有视网膜这个能够感受光的“装置”，我们也看不见。就好像线路通了以后，信息被传送进大脑后人类才能理解看到的图像一样，如果不能让多个子系统在共存的同时也进化的话，眼睛这个复杂的器官就无法形成。只有在所有要素全部统合后，眼睛才能看见，所以子系统单独对于人类的生存是没有任何好处的。那么，关于眼睛内部的子系统是如何统合并最终进化出眼睛这么复杂的器官这个问题，达尔文的进化论仍无法给出很好的解释。在这一点上，生物学确实很容易看起来像编故事或无法验证的假说。

动态平衡也是一种假设，是如何看待生命的一种解释，所以可能很难进行验证。但是，如果动态平衡可以用一种所有人都能接受的共通语言来解释，那么全世界的人都可以对其进行验证并接受它。为了达到这个目的，我认为“需要制作数学模型”，所以并非仅用日语进行语言上的解释，而是以像“柏格森之弧”的模型那样，我在努力使用全世界共通的“符号”让其他文化圈的人也能够理解“动态平衡”的概念。

此外，物理学分为“理论物理学”和“实验物理学”。理论物理学家会先根据理论，假设世界是如何成立的。比如，他们会先从理论上预测是不是存在“希格斯粒子”或是否有“引力波”等。接下来，是否有数据能证明这些物质存在，则由实验物理学家进行验证，可能是几年，也可能是几十年、几百年，实验物理学家会查找、收集符合这个理论的现象。

动态平衡作为理论生物学，也需要通过这种方式来解释生命，所以它其实是一个被提出来的概念。而接下来的验证工作就要交给今后从事实验生物学的人了，也就是在座的你们这一代人去完成，如果能够有人进行验证的话，那我这次的“最后一课”便是有意义的。

图书在版编目（CIP）数据

最后的讲义·福冈伸一：为何生命如此可贵 /（日）福冈伸一著；曹倩译. -- 福州：海峡书局，2022.6
ISBN 978-7-5567-0971-7

Ⅰ.①最… Ⅱ.①福… ②曹… Ⅲ.①生命哲学 Ⅳ.①B083

中国版本图书馆CIP数据核字(2022)第076523号

著作权合同登记号：图字13-2022-041号
出 版 人：林彬
责任编辑：廖飞琴　龙文涛
封面设计：孙晓彤

最后的讲义·福冈伸一：为何生命如此可贵
ZUIHOU DE JIANGYI · FUGANGSHENYI：WEIHE SHENGMING RUCI KEGUI

作　　者：（日）福冈伸一
出版发行：海峡书局
地　　址：福州市白马中路15号海峡出版发行集团2楼
邮　　编：350001
印　　刷：三河市冀华印务有限公司
开　　本：889mm × 1194mm　1/32
印　　张：5.25
字　　数：60千字
版　　次：2022年6月第1版
印　　次：2022年6月第1次
书　　号：ISBN 978-7-5567-0971-7
定　　价：42.00元

未读 DR 思想家

关注未读好书

未读 CLUB
会员服务平台

本书若有质量问题，请与本公司图书销售中心联系调换
电话：(010) 52435752